2022 年度黑龙江省哲学社会科学一般项目:冰城视觉文化的可持续发展研究(22TYB181)
中央高校基本科研业务费哈尔滨工程大学重点课题:符号学理论视域下冬奥会视觉形象文化发展研究(3072019CFW1601)

冬奥会视觉形象的符号学研究

董 宇 著

哈尔滨工程大学出版社
Harbin Engineering University Press

内容简介

本书的主要研究内容是冬奥会视觉形象中的符号设计和符号语言，通过对历届冬奥会的回顾，详尽阐述了视觉语言、视觉符号、视觉传达、视觉思维和视觉审美等方面的发展，以及其对冬奥会的影响。此外，本书还对第1~24届冬奥会的精彩瞬间进行了回顾。

本书适于对视觉符号与冬奥会的研究人员或感兴趣的读者参考阅读。

图书在版编目(CIP)数据

冬奥会视觉形象的符号学研究 / 董宇著. — 哈尔滨：哈尔滨工程大学出版社，2022.11
ISBN 978-7-5661-3753-1

Ⅰ.①冬… Ⅱ.①董… Ⅲ.①冬季奥运会-视觉形象-研究-中国 Ⅳ.①G811.212

中国版本图书馆CIP数据核字(2022)第204876号

冬奥会视觉形象的符号学研究
DONGAOHUI SHIJUE XINGXIANG DE FUHAOXUE YANJIU

选题策划 石　岭
责任编辑 章　蕾
封面设计 李海波

出版发行 哈尔滨工程大学出版社
社　　址 哈尔滨市南岗区南通大街145号
邮政编码 150001
发行电话 0451-82519328
传　　真 0451-82519699
经　　销 新华书店
印　　刷 黑龙江天宇印务有限公司
开　　本 787 mm×1 092 mm　1/16
印　　张 14.5
插　　页 8
字　　数 273千字
版　　次 2022年11月第1版
印　　次 2022年11月第1次印刷
定　　价 69.00元
http://www.hrbeupress.com
E-mail:heupress@hrbeu.edu.cn

序

2001年，北京申办夏季奥运会成功；2008年，北京成功举办了夏季奥运会。2015年，北京申办冬奥会成功；2022年，北京成功举办冬奥会。从夏季奥运会到冬季奥运会，光阴似箭，时光荏苒，岁月的痕迹在点滴的符号标记中被清晰地记录下来。继上一部专著《奥运视觉系统的模型构建》之后，当北京成功获得2022年第24届冬奥会举办权之日起，著者就心生再写一部关于冬奥会视觉文化方面的书籍，以诠释北京“双奥之城”为世界带来的唯美华章和奥运典藏，传达中国视角下冬奥会的理念和精神，让更多的人看懂北京、看懂冬奥会。

中国举办2022年第24届冬奥会，为对内聚民心、对外展形象提供了重要的历史机遇。对内而言，冬奥会旨在普及冬季运动知识，激发民众参与热情，使可持续办奥理念深入人心；对外而言，冬奥会旨在展现中国开放包容、积极进取、绿色发展的国家形象，通过冬奥会的故事讲述中国的故事。因而对冬奥会文化符号的受众认知情况进行调查研究，具有重要的理论和实践意义。

从理论意义上说，运用符号学理论对冬奥会文化符号进行受众认知调查，可以拓宽冬奥会传播的研究视角，在传播内容上提供方法论。“符号是携带意义的感知”，文化符号是社会文明的具体表征，是人们基于历史认知、社会经验等构建起来的一些通识性陈述。冬奥会宣传片作为冬奥会文化内涵的集中展示，其中呈现的文化符号是有关冬奥会的具体表征和通识性陈述，是人们认识、了解冬奥会的重要载体。

从实践意义上说，传播离不开符号，符号的意义在传播中生成，研究冬奥会文化符号的受众认知现状，可以有效了解冬奥会的传播现状和问题，以此为冬奥会传播提供一些可循思路与建议。

本书从视觉形象出发，对冬奥会符号进行研究，围绕着欣赏与解读这两个核心问题，依托罗兰·巴特等哲学家为代表的研究理论，主要研究欣赏与被欣赏行为背后的关系体系。对于奥林匹克文化研究而言，通过嵌入符号学这一研究方法对其视觉形象进行解读是一种新的研究视角。这种视角的优越在于可以结合各个相关领域的研究，从浅入深、从易到难、从其表面到其内在，从本质上让读者知晓冬奥会的视觉文化、发展脉络、符号特征。这样的研究可以打破传统奥运视觉符号研究的分散性和审美的单一性，丰富符号学的研究范畴，且能够通过解读冬奥会视觉符号，让更多的人用看的方式来打开冬奥会文化大门的钥匙。

本书主要研究的是冬奥会视觉形象中的符号设计和符号语言，对视觉语言、视觉符号、视觉传达、视觉思维、视觉审美等方面进行了详尽阐述与解析。在写作过程中，主要参阅了《百年奥运——从雅典到北京》《奥林匹克运动百科全书》等著作，这些著作中的见解和认知给著者以很大启发。本书从开拓冬奥会视觉文化、视觉符号统一、视觉形象传承出发，融入新的理念、新的视野，集趣味性和知识性于一体，使读者更加容易理解和入心。主要内容如下。

第一章，介绍了符号学理论的阐述及其与体育、文化的关系，使读者了解符号学研究的起源与发展，并解析视觉文化与视觉符号的概念。

第二章，分析体育与视觉的逻辑关系及冬奥会和视觉形象的研究范畴，带领读者辨析体育与视觉的逻辑关系、冬奥会和视觉形象的研究范畴。

第三章，解读视觉图形与奥运会图标。通过对夏季奥运会和冬奥会所呈现的体育图标的解读，让读者掌握奥运视觉图形引领的历届奥运会体育图标的发展轨迹。

第四章，介绍了视觉图案与冬奥会会徽。冬奥会会徽的审美价值极高，浓缩了历届冬奥会举办国家的创新与发展理念，用图案类型的分析方法来解读历届冬奥会会徽，可以更好地让读者了解以往冬奥会会徽设计的缘由、思路，也可以推演和思考未来冬奥会会徽设计的发展趋势与价值取向。

第五章，介绍了视觉影像与冬奥会开幕式。通过对冬奥会开幕式的文化内涵、结构演变、文艺展演和圣火点燃等四个重要设计环节的分析，让读者体验视觉影像传播对冬奥会视觉传达的重要价值和意义。

第六章，阐述了2022年第24届中国北京冬奥会视觉形象设计的启示。以2022年第24届中国北京冬奥会视觉形象设计作为经典案例，解析北京为世界呈现出的冬奥会视觉效果和典型创举，以及此届冬奥会带给世界和中国赛事符号设计的未来启示。

第七章，介绍了2022年第24届中国北京冬奥会的遗产与展望。2022年第24届中国北京冬奥会的成功举办，为世界和中国留下了丰富的物质、精神遗产，重点从城市发展、环境发展、经济发展、区域发展、社会发展、体育发展、文化发展7个视角来阐述此届冬奥会所做出的杰出贡献，并构思冬奥会可持续发展的展望，从中国和世界视角分析冬奥会所带来的精神、物质财富。

第八章，介绍了冬奥会的经典瞬间与回顾。用图文并茂的形式带领读者回顾历届冬奥会会徽、开幕式、赛场内外、闭幕式、竞技瞬间等精彩画面，借以让读者更加感受到冬奥会带来的视觉冲击与所具有的独特魅力。

本书是黑龙江省哲学社会科学一般项目和中央高校基本科研业务费哈尔滨工程大学重点课题的重要科研成果，并主要受中央高校基本科研业务费哈尔滨工程大学重点课题资助，以及得到哈尔滨工程大学出版社大力协助才得以出版。

由于著者水平有限，书中难免有错误之处，恳请广大读者批评指正。

著　者

2022年7月

目　录

第一章　符号学理论的阐述及其与体育、文化的关系

第一节　符号学研究

符号是以一个事物代表或表征另一个事物，其本身是人类在生产生活中，要表达一个事物时所使用的记号。符号是什么？符号本身就是一种规定，它告诉你这是什么、做什么用。从符号发展的过程可以看出，人的思维是从事物的表象认识开始的。事物的表象被记录到大脑中形成概念，大脑皮层对这些概念加以归纳、整理并进行映像。这些映像以狭义语言为基础，又表现为可视图形、文字、肢体动作等广义语言。这些狭义语言与广义语言的结合即为符号。

符号与生活紧密相连，与艺术也紧密相连，所以艺术设计中符号的设计与运用是极为普遍的形式。

一切文化现象都是符号现象。所以，符号学应与一切文化现象具有相同的逻辑结构，符号学也就成为一切文化现象的逻辑学。通过符号学，我们可以找出一切文化现象，构筑文化系统的内在逻辑结构。符号学的研究对人文学科和设计学科均具有重要的现实意义。

一、符号学起源

符号是指示事物的标记，符号学则是对符号及其指示特征和表意机制的研究。符号学一词源于古希腊语“semeiotikos”，由西方医学之父希波克拉底(Hippocrates)创造并首次使用，意为“症状观察”。在医学方面，用符号来标注病人身体外部症状，进行痕迹跟踪，观察病人的疾病变化，并对其特征标注的符号进行医学监测和分析，从而揭示病理内在的、不可见的实质。所以说，用一种事物指示另一种事物，会发生指示和表意的关联属性，这其实就

是符号现象的本质。

(一)西方古代的符号学

古希腊哲学家柏拉图(Plato)将符号现象引入哲学领域，将文字的指示特征作用放大，认为文字用意并非仅仅指示某一具体事物，而是泛指文字覆盖的相似之物。譬如“白”字所指的是一种颜色，指示事物色彩，但泛化其文字用意，还具有事物的语言、事件、用途等语境下的空白、无价值、无作用等引申含义。所以，自柏拉图将符号现象引入哲学范畴，符号的形态便超越了视觉和个别性的局限，从而获得了抽象性和一般性。在柏拉图的语境创设过程中充分说明了符号具有再现性的功能与特征。

英国哲学家约翰·波音索特(John Poinsot)给符号所下的定义使符号研究进入了启蒙时期。他认为，符号处于事物与思维之间，并将现实与思想直接联系起来。波音索特的定义很明确地指出符号的功能是将人的主观世界与周围的现实世界关联起来，这对人了解和理解客观世界具有重要的价值。英国哲学家约翰·洛克(John Locke)在其出版的著作《论人类理解力》中，正式将符号研究纳入哲学研究中，真正让符号学研究步入人们的研究事业，其提出的理论为后续符号学研究奠定了重要的理论支撑，对现代符号学的发展起到了重要的启迪价值。

(二)我国古代的符号学

我国古代对于符号的接触，应该追溯到上古时代的图腾。上古时代，图腾对于每个氏族和部落来说都是十分重要的标记。他们通常会选取具有特别神秘关系的动物或自然物象(太阳、月亮、鸟兽、花草等)作为图腾。如女娲氏族将蛇作为图腾，夏禹祖先把黄熊作为图腾。逐渐地，图腾扩充了使用范围，从居住洞穴到劳动工具、从战争旗帜到祭祀标志、从肩臂标记到食物器皿都绘有图腾。随着国家的产生，图腾演变成了国旗和国徽被后人保留下来。

图腾的符号也是变化的。开始时的图腾比较简单，为了区别其他部落的相似图腾，往往把简单的图腾符号变得复杂。有的图腾符号，还是一种知识传播的工具。在文字还没有出现的情况下，几个象形字组合在一起，就能记载一件事情。

符号记载着历史文化的发展轨迹，给后人带来了无尽的想象和对文化的继承。

二、符号学的奠基人：索绪尔与皮尔斯

20世纪前期，现代符号学逐渐发展起来，研究对象是符号及其表意机制，其理论源头是瑞士语言学家费尔迪南·德·索绪尔(Ferdinand de Saussure)的二元符号论和美国逻辑学家查尔斯·桑德斯·皮尔斯(Charles Sanders Peirce)的三元符号论。

(一)索绪尔的二元符号论

在索绪尔的语言学中，符号是由符号的概念及符号所呈现的形式组成的。索绪尔的符号概念具有较多语言的痕迹，它是基于语言提出的。也就是说，在索绪尔的概念里，语言是一套符号系统，而描述语言的标准则是能指和所指。索绪尔认为，语言符号是“能指和所指相连接所产生的整体”，即“概念和音像关系的结合”所产生的整体，也可以说“能指”指音像，“所指”指概念。所谓能指，是指词的文字拼写及语音形式；所谓所指，是指词的语义内容。能指和所指相连接所产生的整体，是指词的语言形式，也就是语言实体。只有把能指和所指连接起来，语言实体才能存在，如果只保持其中一个，语言实体将化为乌有。也就是说，能指和所指，对一个语言符号来说是两个异常关键的要素，缺一不可。

将符号分为能指与所指，是索绪尔符号学的要义。

(二)皮尔斯的三元符号论

皮尔斯认为人的思维以符号的方式进行，这就是符号的产生和阐释，即符号活动的过程。他将符号活动过程分为3个系统：一是再现体，也称为符号项，类似于索绪尔所说的能指；二是对象，也称为事物项或客体项，即被再现者，类似于不在场的所指；三是解释项，即所指的意义。索绪尔的能指和所指的二元关系，表现为皮尔斯的再现体、对象和解释项的三元关系。前两项可以借助索绪尔的符号学进行解释，但第三项解释项却不易被理解。荷兰学者米克·巴尔(Mieke Bal)认为解释项应介于前两项之间，是符号的接受者对再现体的接受和认知。解释项肩负着主动客观识别的作用，在巴尔看来，解释项也可以译作阐释者，但不一定是人，也可以是人脑所感知的物象。

尽管皮尔斯在自己的论著中曾将符号分为66种类型，并归结为好几大类，但最主要的分为3个基本类型：第一类是像似符，即图像符号，以图像

的视觉相似性来构建能指。简单说就是某个图形看起来像某物，就可以用其来指示某物。这类似我们常说的“拟像”之意。这种拟像可以是人为造型，也可以是自然形成的简单图像，它通过人脑的识别与长期经验的积累，逐渐成为所指示事物的“替代标识”。这一理解也符合皮尔斯对像似符的学术说法。第二类是指示符，即索引式的提示性符号。指示符类似于风向标、症状、标记等，是要指出对象是什么，或者对象的方向。在皮尔斯的论著中，指示符是即使不需要“解释项”也能成立的符号，指示符与像似符是两个互补的符号。按照巴尔的说法，如果图像符号的所指不存在或不在场，那这个符号会依然存在。第三类是规约符，即象征符号，但此处的象征与我们日常理解的象征有所区别。规约符就是靠人为约定而形成的符号，其中最典型的就是语言符号。在皮尔斯的符号学中，象征关系由解释项来确定，也就是说，每个象征符号的所指，都存在不同的解释项，都会根据解释项产生不同的象征用意或角色扮演。所以，这里的“规约”并不是约定俗成，而是依赖人的思维、认知所形成的解释项来确定其意义。

在当今学界，符号学研究更倾向于皮尔斯的三元理论，因为其相对于二元理论更加具体、易操作，在研究中更容易对符号进行清晰表述，所以，本书在后续的视觉符号研究中也将采纳三元理论进行分析和探讨。

三、现代符号学的发展

在 20 世纪西方学术史上，实践性和可操作性是现代符号学的发展主流，这是对索绪尔和皮尔斯符号学概念的阐释与发挥，是在实践中发展新的符号概念和研究方法。

德国哲学家路德维希・维特根斯坦(Ludwig Wittgenstein)对符号学发展的贡献在于对符号的界定，他认为符号是现实的图像，具有语境框架的功能。美国符号学家查尔斯・莫里斯(Charles Morris)从语言学分类的角度对符号做出了更加精细的界定。他把符号组合的研究界定为句法学；将符号与其含义之间关系的研究，称为语义学；将符号与其制造者之间关系的研究，称为语用学。俄罗斯语言学家罗曼・雅各布森(Roman Jakobson)的主要贡献是强调符号解读的主观性。

法国哲学家罗兰・巴特(Roland Barthes)认为，符号学是隐喻的，而隐喻则具有延伸和衍生的特征。他对符号的解释更倾向于发掘其隐蔽的含义，而且是主观的多层次隐蔽含义。巴特的符号解读，从文学和视觉文化延伸向通俗文化与日常生活中的符号现象，这是20世纪中后期结构主义和后结构主义符号研究的一大特征。巴特系统地整理了索绪尔的语言符号学理论，并将分析的文本从语言本身扩展至现实事物（如广告海报、电影等），在此基础上提出二级表意法；除了结合索绪尔能指、所指概念以外，更加看重意识形态方面的深层次解读，意为“意指分析”。意指分析包含两个层面，即直指层面和涵指层面。直指层面是现实事物的外延意指；涵指层面是该事物蕴含的深层次文化含义，也是内涵意指。巴特巧妙地将现实事物的外延意指通过符号分析，演绎出事物深层的文化意义——内涵意指与迷思，因而出现了第一级表义法则和第二级表义法则。前者属于符号的明示意义（直指），后者则是运用内涵意指（涵指）重点描述了符号与使用者的感觉、情绪或文化价值交会时的互动性。巴特认为，“意指作用成为现代世界的思想方式”，“运作任何信息都可能具有复杂的、意识形态性质的第二意义”。其实这正是对索绪尔的结构语言学的升华。新生的意指分析挣脱了最初语言系统内所指和能指的羁绊，为媒介文本赋予了多样化的含义，加深了人们的思考。

立陶宛裔语言学家阿尔吉尔达斯·格雷马斯（Algirdas Greimas）关注文学研究和社会科学研究领域的符号现象，他认为叙事学是符号学的一个分支。

意大利学者翁贝托·艾柯（Umberto Eco）早在20世纪70年代就编写了关于符号学基本知识的著作，在20世纪末又将符号学引入视觉文化和通俗文化研究当中。

进入20世纪80年代，西方学术以后现代思潮为主流，反对现代主义的形式主义倾向。现代符号学是形式主义的产物，在后现代时期不可避免地落寞了。但是，一些从现代主义和形式主义走出来的转型学者，却将后现代思想注入符号学，这既拯救了符号学，又将其发展为后现代符号学。所谓后现代符号学，即从文本之外和符号之外来研究符号问题，赋予符号以新的界定，赋予符号学研究以新的方法，对符号进行泛化处理。后现代学者对柏拉图以来的经典批评概念“再现”的研究引入了符号学，由此，世间万物皆可被看作符号，而任何研究也都可以看作符号研究。其结果是，符号学因无所不在和无所不是而被消解了，后现代思想因自己的解构理念而反治其身。

第二节　概念解析：视觉文化与视觉符号

一、视觉文化的概念解析

视觉文化研究是一个新的领域，更是高等教育的一门新学科。视觉文化研究属于新时期学科研究的显学，研究以视觉方式为传播媒介的文化现象，其中包括所有静态图像、静止物象(如雕塑、建筑、装饰等)和动态视觉图像(如电影、电视、广告、自媒体视频等)，以及通过技术手段呈现出的三维、立体、环绕效果的视觉成像图形或影像。总之，视觉文化研究包罗万象，但凡能用眼睛感知到的、可视化的社会景观或自然景观，都可以成为视觉文化研究的对象。视觉文化研究的理论方法也十分丰富，包括符号学、图像学、语言学、叙事学、传播学、文化人类学等。

(一)视觉文化的释义

当代西方学术界的视觉文化研究源于后现代思潮和文化研究。所谓视觉文化，是指双眼可见的文化现象和文化产物。通常，视觉过程分为 3 个部分或是 3 个组成要素，即“眼睛”“可视物体”“传播媒介-光”，这 3 个组成要素构成了视觉的基本现象。但从人的生理角度来看，视觉产生的物质基础是光、眼睛和大脑。也就是说，通过光进入眼睛的物体成像传入大脑神经系统，才真正完成了整个视觉的生理过程。所以说，视觉产生需要 4 个要素，即眼睛、大脑、光、物体，四者缺一不可。视觉文化的产生要通过眼睛去观看事物，通过光介质实现成像，最后通过人脑产生视觉感应、视觉效果、视觉心理、视觉语言等视觉产物。这里的人脑就是不同视觉产生不同文化属性的主要枢纽或“加工工厂”。譬如，一些天然的视觉景观，通过人脑的传输与加工，产生了不同的思想与共鸣，从而赋予其人文内涵和情感。所谓视觉文化研究，就是要对人为和自然形态的视觉产品与视觉现象进行研究，是对视觉符号的阐释。

(二)视觉文化的研究语境

视觉文化研究的学科语境，通常会让人联想到视觉文化与艺术史、文学史、传播史等人文学科存在联系。其实视觉文化研究属于人文学科的一个重要方面，而人文学科的众多学科与视觉文化研究互为语境，正是其阐释的循环和学术悖论才使视觉文化研究这一学科得以建立。

在文化研究和文化人类学领域，视觉文化研究关注视觉产品的包装、销售和消费，以及这一社会过程中产生的影响；在艺术研究领域，视觉文化研究关注图像的解读，尤其是图像形式的符号特征及其所指的深层含义，并由此揭示的艺术价值；在文学领域，视觉文化研究关注语言表达者对现实世界的想象与视觉场景，从而激发读者对于现实世界的憧憬力，将文字转化为视觉效应；在传播或传媒领域，尤其是摄影、摄像、广告领域，视觉文化研究不仅关注图形、图像、影像，更关注图像内容衍生出来的视觉传播效果；在新媒体领域，传播途径更注重高新技术成分，图像、影像的传播价值能更为直观地解读社会和满足人们心理与视觉感官的诉求，凸显新媒体语境下的人文素养与文化价值。

(三)视觉文化的研究关键词

视觉文化研究在不同语境、不同谱系当中，有着不同的研究内容和知识体系，但在基本理念和关键词方面却存在共同点，即都是在解析视觉现象所呈现的文化价值。在视觉文化研究中，笔者根据视觉研究中的逻辑关系和研究重点总结出 4 个关键词语：图像、想象、创意、符号。

1. 图像

图像是人类创造视觉产品领域内最具研究价值和研究意义的。我们研究的图像并非不为人所知，早在远古时期，早在人对媒体和多元文化未产生意识的时代，人类就已经开始对器皿绘画、城堡建筑、住宅雕刻、洞穴壁画产生了极为浓厚的兴趣。多组图像与多元图像构成了视觉世界，制造图像与欣赏图像成为图像存在的价值体现，二者在相关语境中存在互动关系。制作图像的人，可能在图像表达过程中有意识或有目的地去表达图像中显现的政治问题、时态问题、身份问题、种族问题、性别问题等社会固有问题。而作为欣赏图像的人，首先要考虑图像存在的社会时期、产生缘由、未来趋势等，也就是要充分考虑图像所处的“过去、现在和将来”，这是分析图像最适宜的语境逻辑关系。其次是图像接收者的性别、阅历、社会关系等因素决定所感知图像传达出的内在意义，简单说就是读图者的文化修养和社会经验。这就是视觉文化研究中最为重要的图像阐释功能之一。

2. 想象

德国著名哲学家格奥尔格·黑格尔(Georg Hegel)说过:“创造性思维需要有丰富的想象。”任何一个学科都需要一定的想象力才能寻求不断向前发展、进步的动力来源。文学家需要想象,才能将现实世界描绘得如此浪漫和不朽;数学家需要想象,才能变幻不同的运算方程以探索数字空间的奥秘;艺术家更需要丰富的想象力,才能创造出对未来无法猜测的世界图景。所以,对于视觉文化研究,想象力必然是需要去发现、去培养、去获得的。就如同一名科学工作者通过对宇宙知识的探索,才能发现太阳、月球、地球运转的规律,才能带领人类去遨游不可预知的浩瀚太空。再如一名乐队的指挥家,在演奏万马奔腾时,需要去想象无尽草原上万马蹄鸣的宏伟画面。人们在想象的过程中可以将场景空间发挥到极致,超脱现实,创造无限和不可能,把观察者带入科学以外的奇妙世界或引入艺术的殿堂。想象是人们通过图形、图像进行视觉化分析,再结合个体情感、经验、学识所产生的艺术语言的思维过程,是仪式与潜意识之间的纽带。

3. 创意

在视觉文化研究中,想象是动力,创意是目标。视觉文化注定要为生产、消费服务。要在众多产品中崭露头角、呈现优秀的视觉效果必须要吸引受众的眼球,所以在视觉传达过程中,追求创意、创新才是设计者的终极目标。视觉思维创意过程,实际上就是先于观看者的思维意识,创设出不同的视觉情境,符合观看者的审美兴趣,才能让受众者留下深刻的印象,这也是视觉传达的根本目的。从格式塔心理学理论来讲,当眼睛看到物体,知觉就已经对物体进行了改造,视觉意象的产生是视觉瞬间的“重组、再造”的产物。所以,创意所要完成的任务就是要吸引受众的观察力和注意力,最大限度地,主动、积极、兴奋地调动受众视觉的主观能动性,以改变和引导双向提升受众的思维意象,从而使受众产生新的视觉思维与视觉心理。

4. 符号

符号是一个抽象的概念,它往往是通过视觉经验和视觉想象来传达事物或事件的含义。关于符号的论述,前文已有,在此不再赘述。

二、视觉符号的概念解析

(一)视觉符号的释义

视觉符号，是指眼睛所能看到的能表现事物一定性质的符号。在视觉语言里更重要的是研究图形的视觉符号、图形符号被替代的关系和图形符号的意义。在视觉语言中，一切事物都可以用图形符号表示，特别是在20世纪发展起来的印刷、影像传播的视觉符号，它们逐渐占据了艺术传播和艺术设计的主要语言形式。如太阳、月亮、山川、水流、大树、小草等，这些物象均称为符号的原体，经过艺术家的搜集、归纳、提炼后绘制成我们认知的图形符号。由于这些图形是生活中的自然物被符号化，因此，这些符号是人们不需要再去学习、不需要语言的沟通就可以被认知的。还有一些创造性的符号，如房子、桌子、椅子、茶杯等，艺术家或设计师将其提炼成图形，这些图形也非常容易被认知。还有一些无形之物，如包含社会、文化、竞技、真理、真诚、感情、安静等含义的词语也可以用符号表示。从符号所产生的更加广泛的作用和意义上讲，广告、企业品牌、工业产品的外观，甚至城市建筑规划都可以用视觉符号来阐释。但对这些没有固定形象的虚、假、空的概念，如何用图形符号来表示，又怎么让受众理解，并不像绘制有形之物的图形那么简单。符号的复杂不是事物的复杂，而是我们对事物的表达与阐述复杂。所以，有些无形之物的概念、词汇、符号需要阐述。

对于视觉符号的认知，我们可以从日常生活中的符号象征去理解并从生活的感知去认识。视觉符号的命名一般通过交往使它合法化，也就是人的共识与文化使它合法化。人们在长期的生产生活中对某一事物的符号，从认识到记忆，久而久之，根深蒂固地印在脑海里并在心理上生成一个同等的像。在视觉符号形成过程中，一类被称为实体视觉符号，如房屋、山水、人物、树木等是可感知、触碰、看到的事物，是人通过直观感知能认识的，这是实体符号。我们用视觉感知形象的不同、听觉感知声音的不同、触觉感知结构的不同，以区别此事物与彼事物的不同。符号在视觉、听觉、触觉方面都有其形象的样式，对事物与符号可以确定无疑。还有一类为虚体视觉符号，如掉头、斑马线、直行、右拐等是通过视觉感知的功能性符号，每一种符号均有其特定的意义，这些视觉符号是在现代社会里常用的功能性符号，属于事物符号的范畴，在人的心理上生成了一个同等的像。所以，视觉符号是在某种层面上，对某人而言指代某种特定事物的一类事物。视觉符号在人的心理上生成一个同等的像，或是有所变化甚至是发展了的像。这个像就是诠释的结果，它所指代的是视觉符号所对应的物理存在。

现代社会，视觉符号已经成为世界文明的必然之物，某些视觉符号所代表的物象是偶然和必然的结合，如物象与符号在形态上有某些联系，但这种联系有时不是绝对的精确，符号的含义被约定俗成，是在偶然环境中决定了它们的替代关系。再就是物象转化为符号，一方面是人的意志行为，另一方面是人们交流中不能用原来的物象故而采用符号来表示。

(二)视觉符号的语言结构

如图 1-1 所示，符号通常分为语言符号和非语言符号。语言符号分为口语和文字两种，而非语言符号分为视觉符号、听觉符号和触觉符号。视觉符号分为动态和静态，静态包括象征符号和实义符号。象征符号即抽象符号，实义符号即确定某事物的意义的符号。

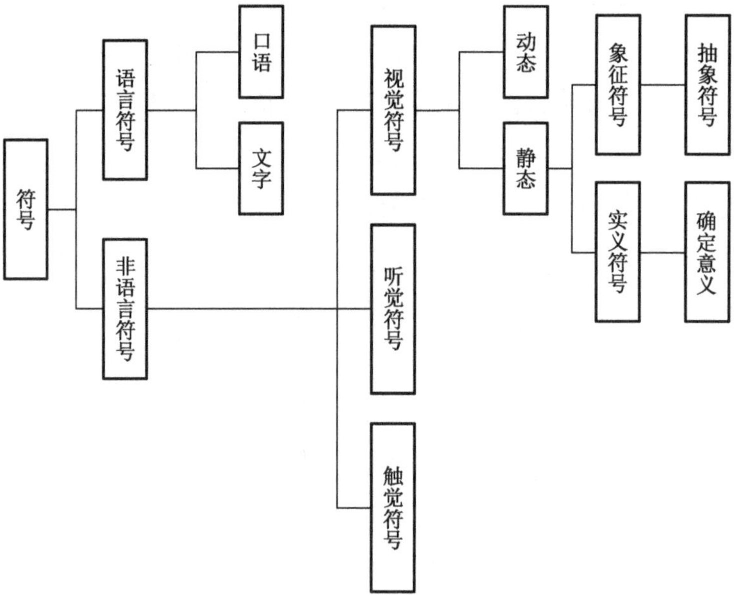

图 1-1　符号学与视觉符号的关系图表

视觉符号是非语言符号中最重要的一类，在现代信息传播过程中，扮演着重要角色。在视觉符号中，无论是图形的视觉符号，还是文字的视觉符号，都可以表现出某种特定的蕴意和象征，通过人脑的思维和想象，形成视觉符号语言的一种表达方式。美国人类学家爱德华·霍尔(Edward Hall)认为:“非语言符号行为占整个人类交际过程的65%,而语言符号行为仅占35%。”与文字符号相比,视觉符号更具直观性、易读性、普遍性、生动性,更容易被人们所理解和接受。在人类文明初始,视觉符号就已经是人类认识世界的主要手段了,以视觉形象为主的文化现象占据着主导地位。在考古学家看来,绘画、舞蹈、音乐是符号诞生的原始要素。

在现代信息传播过程中,视觉符号是信息传播的重要渠道之一。在传播过程中,视觉符号所传播的不仅仅是表面上描绘的各种图形、文字符号,更重要的是隐含在视觉符号背后的意义,这也是传播的真正本意。在平面艺术设计领域,视觉符号除了体现思维形式结果外,还要透过视觉语言中蕴含的思想与情感,判断一个设计作品所要传达的意义,联结作品与受众者之间的思维对话,达成相互沟通的目的。

(三)视觉符号的传达设计

视觉符号的产生要具有交互、流通、传播等基本环节。没有传播的或不被人知的符号不能称之为符号,更不能称之为视觉符号。而将视觉符号进行交互、流通、传播的过程,可以称为传达过程。在设计里的视觉符号是设计师根据需求,经过归纳、整理、提炼而设计成具有一定指向含义的符号。由设计师发出,受众接收,才完成了一次完整的视觉符号“传达”过程。

“传达”一词的英文是“communication”,主要是传达、传播、交流的意思。因此“传达”一词包含了沟通和共享的成分,沟通和共享既是传达的目的,也是传达的过程。在视觉语言里,传达是指信息发送者利用符号向受众传递信息的过程,传递的程序是“谁”把“什么”传递给“谁”,“效果”如何。视觉传达的符号是设计思维的元素,是一个思维设计过程,是在二维的空间中对图形的位置、大小、比例、关系等细节的调节,是一个设计者发现、挖掘受众心理并将其引入的过程,而这种引入依赖于思维主体的符号。

视觉符号的传达设计从本质上说就是通过媒介载体来传达符号所表示的信息内容。图形设计本身就是一种符号的表达方式,如何把控符号的准确性和合理性,对于信息传达目的来说至关重要。

在视觉传达设计中,图形符号化的表现主要包括如下三个方面。

一是指示符号。指示符号是指物象与符号之间存在时空关联性,其可以向受众者表达时空指向意义,人们可以通过指示符号辨析符号的指示意义。

如箭头符号具有直观的指向作用，早已被受众者认可和理解。

二是再现物象的图形符号。图形符号通过复现物象的部分或全部视觉信息，从而使受众者通过感官经验在头脑里重现和复原完整视觉符号信息，再次构建符号意义。譬如油罐车上的骷髅图形或香烟图形，都是在复制物象的视觉信息，再加上红圈、红叉等禁止符号，起到告知危险和禁烟的警示作用。

三是象征符号。象征符号是指物象与符号之间有性质上的相似性，却在图形表现方面没有相似性。象征符号是人们逐渐积累的，具有典型特征并代表某种事物相应含义的标志性记号，还具有迅速传递固定含义的特点。比如水，通常象征女性、阴柔、资源、财富。水的形态千变万化，时而奔腾，时而停滞，时而湍急，时而平缓，时而深不可测，时而清澈见底，它的每一种形态都可作为一种象征，而这种象征的寓意要取决于受众者思维同化的导向结果。

视觉符号的表现方式和意义表达存在相互关联、相互支撑、相互作用的关系。所以，要使视觉符号的图形符号有创意，就要针对事物内涵进行深入挖掘和创造表现，发现新的符号或符号组合形式，从而创新符号语境与含义。

第二章　体育与视觉的逻辑关系及冬奥会和视觉形象的研究范畴

第一节　体育与视觉

一、体育与视觉的逻辑关系

体育作为一种肢体语言不断展示着人类的身体潜能，并表现出独特而鲜明的视觉感性特征，使体育的文化特质在视觉发展的冲击下不断地激励着人类前行。类似奥林匹克运动会(以下简称“奥运会”)这样国际性的大型赛事，已经成为影响人类社会的一种巨大的文化现象，而且体育赛事也以非凡的魅力正在吸引着世界目光的聚焦。20世纪后半叶，电子技术兴起浪潮势不可挡，以视听为主的电视时代给世界带来了全新的信息传递空间。体育赛事的传播速度与范围正随着电视的普及逐年成倍提升，体育这一人类的共性话题成为视觉传播的最大看点，也被推上了时代发展的风口浪尖。体育随着视觉科技的跃进让观众身临其境，从过去的“视听”效应向现代的“感知”体验转型升级。

(一)现代体育表演满足了人们视觉的追求

奥运会收视数据显示，第27届悉尼奥运会期间，平均每天有35亿~38亿人次观看，这个数字超过了美国“阿波罗”飞船登陆月球时全球观看转播的人数；第28届雅典奥运会期间，每天的观众数量超过了40亿人次，这一数字超出了人们的想象。时隔4年，数据再一次被刷新，第29届北京奥运会的全球收视率，通过全球知名媒介和资讯机构尼尔森在全球37个国家与地区所收集的数据得知，从2008年8月8日—24日，平均每天收看北京奥运会的观众达到了47亿人次，约占全球人口的70%。比第28届雅典奥运会观众人数增加了约21%，比第27届悉尼奥运会观众人数增加了约31%。可见，奥运会这一国际性的体育赛事满足了人们共有的视觉追求，使体育乐享和传播效应完美契合。

（二）视觉传播拓宽了体育符号传播的虚在空间

媒体转播已经成为体育传播的主要方式，人们可以在传播媒介前忘情高呼，真切感受现场的紧张与快感，这就是一种典型的哲学意义上的虚拟实在。体育传播实质上是一种对现实图像进行符号化的数码化处理的过程，在这种虚拟实在的情境下，体育被定格为无数个静态捕捉的图片，再被串联成人们视觉识别下的动态影响，最后被传播媒体编码成一桌体育盛宴呈现在观众眼前。从这个角度看，体育已经转变为符号化的文化形式，田径场上奔跑的运动员、篮球场上扣篮的球员等，都在观众的眼球和头脑里变成了一张张“符号名片”，并成为观众对现实生活的实体模拟对象。体育活动被符号化后，体育活动在原本意义上的竞技过程方面更进一层，在符号化过程中负载了更多的主题想象。在电视媒体的传播和观众的解读下，体育比赛不再是一个人或一个队的比赛，而是升级为一个国家或一个民族的实力象征。从这个层面来看，视觉传播促成了体育活动、体育文化的符号化特征的形成，并且为体育观众的主体虚在提供了更加广泛的想象空间，使体育赛事更加丰富多样，更使体育竞技的魅力被多元化解读。

（三）体育与视觉创造了未来和谐的动感视界

视觉媒体从 20 世纪 80 年代就已然崛起，以电影为先导，包括电视、录影机、计算机及雏形的数字化媒体等，都在以视觉媒介影响着人们对周围世界的认识。从某种意义上说，人类经历着文化的图像变革，以图形或影像为基本元素的视觉文化正在取代以文字为基本媒介的传统文化而成为当今世界文化形态的主导。与此同时，体育比赛在视觉媒介的帮助下开辟了一个全新的空间世界。在让·波德里亚（Jean Baudrillard）的符号价值概念中，商品的价值是以它们所带来的声誉及其所展现的社会地位与权利来衡量的。他的这一界定就是对体育活动成为视觉世界里的消费文化的注释，证实了体育活动是一种有价值的消费行为，其主要动机来自受众者对体育活动的解码方式，这也是受众者在视觉传播过程中对体育传播符号的一种虚在的想象破译。所以说，体育因为视觉传播而更加声势浩大，一发而不可收。视觉传播也因为体育这一题材而显得充实、动感、色彩万千。

体育与视觉的关系相辅相成。体育是视觉领域的独特题材，视觉是体育传播的媒介途径；体育是肢体的形态表达，视觉是运动图像的直观描述；体育是人的行为支配，是用视觉来感知和影响他人，视觉是人的心理反应，是对体育行为的外观感知。

我们不必过分担忧文字被图像所“吞噬”，或文字会渐渐“消亡”，这只是一种科技跃新与时代进步的发展“正”趋势，所以不必杞人忧天。或许在“视觉主导”的时代成为现实时，我们突然发现人们对“形象”超越“语言”、“图形”易于“文字”的接受程度正在不断提升，作为一种以图形和影像占主导地位的文化形态，“视觉文化”正在形成。其实，视觉文化的产生，是大众文化、社会消费理念与媒体应用技术发展三者的共同产物，它的出现是必然的趋势，也更具有持久力。而体育这一具有独特属性的社会活动，在视觉文化崛起而蓬勃的时候，应给予的借鉴价值和运用频度将远远提升，并与之无缝对接，成为体育领域发展过程中的一种新视野。现代社会的体育关注度与消费心理不断提升，体育的视觉需求已然成为大众生活的重要组成部分，现代体育的发展也必然遵循视觉发展趋势，将体育的“美”充分展示给世界，让世界感知体育的视觉魅力。从商业化角度来看，后奥运会时期，体育的政治诉求已然平淡，人们对体育经济利益的追求与商业推动的趋势逐年激升，社会大众对体育运动的视觉冲击与感官的享受已经超出了体育本身，体育融合视觉，视觉衬托体育，这一切似乎再正常不过了。所以，未来的体育真“视界”必然会通过体育与视觉的和谐融合共同创造出来。

二、差异与融合：视觉传播过程中的中西方体育文化辨析

2008 年的北京奥运会是中西体育文化交流与融合的盛会，尤其是在视觉传播领域下中西方文化的迅速融合，但也显现出了中西方文化在本源上的差异。中西方体育文化在特殊的背景下进行交流与融合对全世界和谐发展具有重要的现实意义。

(一) 中西方体育文化的比较

任何一种文明都不可能独立发展或孤立存在。华夏文明与西方文明的起源与发展存在的巨大差异有目共睹，中国文化与西方文化基本上是两条迥然不同的发展路径。例如，西方人善于逻辑分析与中国人长于直觉体悟的思维方式；西方人“爱智”与中国人“修心”的哲学理念；西方人概念明晰与中国人

话语隐喻的哲学表达方式；西方人“惊异于世界”与中国人“注重于生命”的哲学态度；西方人追求“终极本体”与中国人讲求“天人合一”的思想境界；等等。因此，中西方体育文化的特征、价值取向、思维原则、哲学态度、表达方式也都存在较大的差异。但纵观人类文明史，中西方早期对体育作为仪式在基本特征和功能方面却存在许多相似之处。体育的发展都与祭祀、仪式传承有着密切的关联。

中国体育文化，尤其是各种民间游戏、民俗博弈等体育活动，都经历了几千年的发展、演变和承载，成为中华民族传统体育的瑰宝，并成为东方文化的精髓。西方体育文化以奥运会作为典型的体育事件，从古代奥运会的兴起，到传承至今的现代奥运会，都把竞技体育与科技奥运的理念作为一种文化特质传承下来。中国古代体育缺乏竞争性，而西方体育的核心便是在公平环境下进行竞争，即现在的奥运会口号所追求的“更快、更高、更强——更团结”。

迄今为止，奥运会如同一艘航空母舰在一个世纪间席卷全球，成为世界体育文化的主宰，中国也在各界奥运会中获得了巨大的收益和成功，使中国代表的东方文化享誉全世界，使更多的人感知东方体育文化的魅力、感受东方人民的热情。

(二) 中西方体育文化特征的比较

1. 中国传统体育文化的特征

在中国传统文化理念的熏陶下，中国传统体育文化秉承着以汉族文化为主体，融合多民族传统文化的形态特质，是各民族养生、健身和娱乐等体育活动的总体。中国传统体育文化的特征如下。

(1) 中国传统体育文化蕴含内容丰富、代代传承

中国传统体育文化是中国历史发展的产物，是与中国历史发展进程同步发展和演变的。中国古代体育、近代体育、现代体育都蕴含着中国传统文化的内容精髓，经过历史的演变、筛选的中国传统体育文化在内容上更加丰富多彩，在形式上更具有规范性和竞争性。文化以民族为载体，民族以文化为聚合体。中国原本就是一个多民族的国家，各民族经历了漫长曲折的发展过程，创造了无数带有民族特色的体育文化，一项民族传统体育活动在生活方式、道德理念、行为规范、民族心理结构等因素上都存在较大差异，因而呈现出特色各异的民族风格。但在传统体育文化发展的影响和制约下，民族传

统体育逐渐在文化层面上进行着进化、延伸和发展，异彩纷呈、形式多样，在文化理念上无不显示出中国传统体育文化中人与人、人与自然之间的和谐统一，以及内心修为和博采众长的精神理念。总而言之，中国传统体育文化吸收了各民族体育文化的精髓，使中国传统体育活动更加丰富和深入民心。中国传统体育文化是民族体育文化的融合，亦是中华民族共同拥有的精神财富。

(2)中国传统体育文化以中国传统哲学思想为先导

中国传统体育形成于农耕文明发展与衍生的历史过程中，深受儒、释、道、墨等多种文化的影响。古代哲学的思想也渗透到传统体育文化当中，并逐渐成其思想基础。中国哲学思想中的“天人合一”的认知对传统体育文化的影响极深。中国传统体育受到“天人合一”哲学思想的熏陶和指导，强调人与自然的和谐统一，倡导发挥人的主观能动性的同时要顺应自然、依时而动。这一点尤其应用于养生、养气、养心、养性等自身修养方面。在《黄帝内经》中记载：“春夏养阳，秋冬养阴。”就是提倡人类健身、锻炼要根据不同季节的自然调和，顺应时令，做到人与自然协调呼应。正是有传统哲学思想作为理论基础，才使得中国传统体育呈现出丰富的文化内涵和哲学先导的理论体系。

(3)防病健体、寓教于乐、养生表演成为中国传统体育的基准模式

中国传统体育强调人与自然的和谐，追求内外合一、形神合一和身心全面发展，以静为主、动静结合、修身养性、娱乐自赏的“健”与“寿”的目标境界。尤其是中国传统养生体育受到儒、道、佛的文化思想影响，尤为注重修身养性、形神合一等精神境界。没有健全的精神就没有健全的身体是养生学重要的理论基础。中国传统体育，是寓竞技性、表演性、娱乐性、趣味性、观赏性于一体的综合体育活动形式。如春秋战国时期的蹴鞠、蹴鞠舞等表演，苗族芦笙舞的旋转、矮步、翻滚、倒立等技巧动作，黎族的跳竹竿的优美姿势，还有傣族的刀舞、根舞、孔雀舞，哈尼族的竹筒舞，壮族的铜鼓舞，土家族的摆手舞等，都是传统体育与表演、娱乐相关联的实际表现，也是传统体育发展的基准模式。

(4)中国传统体育文化秉承宽厚、仁爱、礼让、和谐的价值取向

儒家的“尚仁”、道家的“无为”、墨家的“兼爱”等思想规范着人们的体育行为，和谐谦逊的运动观念代代相传。这种思想使中国体育有了更深层次的文化内涵，使中国传统体育呈现出宽厚、仁爱、礼让、和谐的体育行为的价值取向。

2. 西方体育文化的特征

开放的文化精神直接烘托了西方张扬的体育文化品格，这种张扬的体育文化品格被西方体育文化所吸纳和承袭。在这一品格下，西方体育文化特征主要体现在以下两个方面。

(1)西方体育文化强调以人为中心，突出个人利益与意志

西方体育文化的核心内容是“利我”性，“勇敢、自由、平等、竞争”的对象都是自己，是一种典型的以自我发展为中心的原则，也显现出个人意志与社会秩序之间的关系问题。西方人从事体育活动坚持个人主义，提倡个性解放，宣扬个人独立，突出个人自由，尊重个人权利，重视契约关系。在现代体育竞赛中，归结为个人的奋斗与个人价值的英雄主义。

(2)西方体育文化的多元文化价值观

作为西方体育活动的发祥地古希腊，地处希腊半岛，气候多变，人们傍海而居，这种环境培养了当地居民的冒险精神、抗争意识以及开放自由的性格，并形成向外开拓其生存的社会需要。西方人的意识中渗透着个体的自由、竞争。而欧洲文化的多元性、民族划分的多样性、地域分布的分散性等因素导致欧洲乃至西方国家文化、民族异彩纷呈。但不同文化背景、不同民族的体育特征却在交流、互通过程中潜移默化地融合在一起，汇集成西方体育文化，并形成了西方体育文化的完整体系，这也是西方多元文化价值观对世界体育的重大贡献之一。

(三)视觉传播下中西方体育的差异与融合

回顾人类社会的体育交往，就其整体发展而言，它包括接触、传播、冲突、选择、调试、融合和发展等过程。从系统论看，如果一个社会的信息传输效率高，那所带来的体育交往的频率也就随之升高，反之则下降。奥运会就是一个最为典型的案例。奥运会起初作为西方国家相互交流的媒介产物，其主要原因是地理位置和贸易往来稠密，文化交流与信息互通频繁，由经济贸易往来逐渐带动了体育活动的交流，使奥运精神逐渐遍布西方国家的每个角落。随着中国国门的“敞开”，西方体育思潮也渗透进来，让更多的中国人认识到体育的作用和对国民体质提升的重要意义。但对于现代奥运文化的传播以及文化进程的推动，作用最大的不是经商贸易往来和民族文化互通，而是媒体报道，尤其是电视。体育运动提供了一个全球化趋势的好案例，奥运会和国际体育管理机构在媒体、专业化、商业化和其他全球技术进步的助推

下，扩大了西方体育形式的发展。从20世纪中期开始，电视媒体已经创造了一个具有根本性转变的文化商业力量领域，国际足球联合会的世界杯和美国男子职业篮球联赛(NBA)就是媒体报道极好的电视业务。电视媒介提高了体育赛事的全球知名度，同时竞争性的招标转播权已经从根本上改变了体育的商业性质和运营体系。

回顾中国体育史，西方体育思想迅速传播到中国这一人口众多、地域广阔的多民族国家，视觉媒介的传播价值功不可没。但在视觉传播过程中，我们也要认真审视西方体育带给中国的文化本质，应该结合国情、民情、民意来辨析西方体育文化中的文明与糟粕，以大国体育融合优秀的内涵与内容，更要拥有大国体育情怀，意志坚定地排斥不良文化的渗透，从而在开放、友好、和谐、共享的理念下融合西方体育文化，并融入奥运会大家庭。2022年第24届中国北京冬季奥林匹克运动会(以下简称“冬奥会”)的申办就是中国体育文化与西方体育文化融合的最好见证。

从现代奥林匹克运动诞生至今的100多年历史来看，奥林匹克文化是一种强势文化，但在某种程度上，这样的强势文化确保了奥林匹克运动的不断发展与壮大，确保了奥林匹克运动的唯一性和重要性。20世纪70年代，西方体育文化在电视媒介的传播之下，有声有色地进入东方人的视野，而2008年北京夏季奥运会的成功举办，则让以中国为代表的东方独有的浑厚宽宏的文化特质呈现在世界面前。

第二节　冬奥会和视觉形象的研究范畴

视觉形象的产生依赖于传播媒介，并附属于社会、政治、技术，在大众视野下转变为传媒事件。当今世界规模较大的传媒事件之一应为4年1届的体育盛会——奥运会。

一、冬奥会视觉的相关概念界定

(一)奥林匹克的相关概念

1. 奥运会

《奥林匹克宪章》提出，奥林匹克运动是从现代奥林匹克主义中诞生的一种社会运动，其目的是通过组织没有任何歧视和符合奥林匹克精神的体育活动来教育青年，从而为建立一个更加和平美好的世界做出贡献。奥林匹克运动产生于19世纪末期，是人类社会进入工业文明以后开始的一项伟大的社会实践。它是人类社会优秀文化的积累，是各个国家、各个民族智慧的结晶。

2. 奥林匹克主义

奥林匹克主义是将身、心和精神方面的各种品质均衡地结合起来并使之得到提高的一种人生哲学。奥林匹克主义谋求体育运动与文化和教育相融合，并创造一种以奋斗为乐、发挥良好榜样的教育作用和尊重基本公德原则为基础的生活方式。奥林匹克主义不只局限于体育运动，更不局限于奥运会的竞技比赛，而是一种超越体育和竞技运动的关于人的全面发展、人类完善和社会发展的思想、理论和运动。其特征是以体育运动为载体，通过体育运动的社会学校对青年进行身体、心智和精神的教育，以培养全面发展或完善的人为目标的世界性的社会运动。奥林匹克主义是一整套思想、理论、纲领、政策、组织等的综合体系，主要包括思想理论和实践运动，也就是立项和实现立项的社会过程。它是用于改造、完善人类和社会的世界性的宏伟计划，并依靠体育和教育的结合来改造人，实现社会的理想变革。

3. 奥林匹克精神

《奥林匹克宪章》指出，奥林匹克精神就是互相理解、友谊、团结和公平竞争的精神。奥林匹克精神是奥林匹克思想体系的重要组成部分，没有互相理解、友谊和公平竞争的奥林匹克精神，奥林匹克主义就不可能得到贯彻，奥林匹克运动也无法实现其促进世界和平与建立美好世界的目标。奥林匹克精神就是促进世界各国人民之间的交流，建立和谐的文化氛围。正是在这种氛围中，人们才可能摆脱各自文化带来的种种偏见。只有如此，奥林匹克运动所提倡的国际交流、互相帮助、互相学习才能真正实现。

4. 奥林匹克格言

2020年东京夏季奥运会之前，“更快、更高、更强”是奥林匹克运动的格言。这一格言是在1920年第6次国际奥林匹克委员会(以下简称“奥委会”)上确认的，并在1920年安特卫普夏季奥运会上首次使用。“更快、更高、更强”的内涵非常丰富，它充分表达了奥林匹克运动不断进取、永不满足的奋斗精神和不畏艰险、敢攀高峰的拼搏精神。赛场上，面对对手要勇往直前、敢于斗争、争取胜利；面对自己，要永不满足，不断实现自我、战胜自我、超越自我；面对自然，要敢于征服、突破束缚、挣脱自然，从而获得自由。除这一正式的奥林匹克格言外，还有“重要在于参加，不在取胜”“和平、友谊、进步”等高度概括奥林匹克精神主要内容的口号，激励人们积极投入到奥林匹克运动中去，把这一具有伟大社会意义的运动向前推进。

2021 年 7 月 20 日，在日本东京举行的国际奥委会第 138 次全会投票表决，同意在奥林匹克格言“更快、更高、更强”之后加入“更团结”，奥林匹克新格言英文表述为“Faster，Higher，Stronger - Together”。对此，国际奥委会主席托马斯·巴赫(Thomas Bach)解释说：“当前，我们更加需要团结一致，这不仅是为了应对新冠肺炎疫情，更是为了应对我们面临的巨大挑战。当今世界需要彼此依靠，单靠个体已无法应对这些挑战。因此，我发起提议，为了实现更快、更高、更强，我们需要在一起共同应对，我们需要更团结”，“团结推动了我们的使命——通过体育让世界变得更美好。我们只有团结一致，才能更快、更高、更强。”

5. 奥林匹克标志

奥林匹克标志由 5 个奥林匹克环组成。5 个环自左至右互相套结，颜色分别为蓝、黄、黑、绿、红。上面是蓝、黑、红 3 个环，下面是黄、绿 2 个环。整个标志形成一个底部小的规则梯形。奥林匹克标志在使用中也可以是单色的。奥林匹克标志的 5 个环，象征 5 大洲的团结和全世界的运动员在奥运会上相聚一堂。奥林匹克标志是现代奥林匹克运动奠基人皮埃尔·德·顾拜旦(Pierre De Coubertin)提出的，于 1913 年由国际奥委会批准，正式图样存放在国际奥委会总部。奥林匹克标志是奥林匹克旗和奥林匹克会徽的主要部分，也是各举办国会徽、会旗的必要部分。各届奥运会会标也都以奥林匹克标志作为其重要内容。

6. 奥林匹克会徽

奥林匹克会徽是由奥林匹克标志加上其他特殊部分组成的图样。有的奥林匹克会徽还包括奥林匹克格言。任何奥林匹克会徽的图样，都必须经过国际奥委会执行委员会批准，否则不得公开使用。《奥林匹克宪章》规定，禁止其他团体和组织将奥林匹克会徽用于商业目的。各举办国的会徽和各届奥运会的会徽，是最多见的奥林匹克会徽。国际(地区)奥委会会徽一般由奥林匹克标志与本国特殊标志(有的是本国国徽)组成。各届奥运会(包括冬奥会)都专门设计奥运会会徽，一般由奥林匹克标志与举办奥运会的城市标志或东道国的某种标志组成。在奥运会会徽中，一般还标明奥运会举办的年份和地点。奥运会会徽可由国家奥运会组织委员会(以下简称“奥组委”)用于宣传和为奥运会集资签订商业、广告、纪念邮票等方面的合同。国家奥组委会徽和奥运会会徽的使用，应由国家奥组委负责并通过本国政府加以保护。

（二）冬奥会

冬奥会是奥运会的重要组成部分，是世界上规模最大的冬季综合性运动会。1994 年起，冬奥会与夏季奥运会相间举行，按实际举行次数计算届数。

1986 年，国际奥委会决定将冬奥会和夏季奥运会从 1994 年起分开举行，间隔为 2 年。1992 年冬奥会是最后一届与夏季奥运会同年举行的冬奥会。自 1924 年开始第 1 届，截至 2022 年共举办了 24 届，每 4 年一届。第 24 届冬奥会于 2022 年 2 月 4 日—20 日在中国北京举行。

（三）冬奥会视觉形象的概念界定

冬奥会的视觉形象是冬奥会视觉符号元素的外在表现，是运用视觉传达设计手段对冬奥会理念和行为进行的全面整合与艺术性表达。在对冬奥会视觉形象概念界定时，应从宏观和微观两个层面进行解读。微观层面上，冬奥会视觉形象应涵盖冬奥会赛场内外所呈现的文字、图形、色彩、标志、徽章、器皿、影像、建筑等，如冬奥会标志、会徽、奖牌、吉祥物、火炬、建筑、雕像、服饰、纪念章、邮票等一切传达、传播冬奥会形象的视觉元素；从宏观层面上，冬奥会视觉形象运用媒体传播途径，如开幕式、闭幕式、颁奖仪式、火炬传递、赛事转播等展示奥林匹克精神、举办国家的形象、竞技运动、运动员意志、赛事事件等视觉形象，用于满足观众的视觉审美需求，传承冬奥会的价值与追求。

二、冬奥会视觉形象文化的研究范畴

（一）研究对象

通过研究历届冬奥会视觉形象的符号总和，分析其文化理念与设计趋势，构建冬奥会视觉系统的识别模型与图案设计趋势。

首先，界定冬奥会视觉系统的各类符号的概念、分类、特征、功能。

其次，构建冬奥会时空取向研究理论，以时间评述冬奥会视觉形象的发展轨迹，以空间规划地域、民族、文化设计差异。

最后，创设评价机制解读历届冬奥会视觉形象的独特文化，构建模型为冬奥会视觉形象文化的后续设计与发展提供实用工具。

（二）研究内容

冬奥会视觉形象，简言之即一切传达冬奥会形象识别的所有视觉元素。在研究过程中，结合冬奥会视觉形象的宏观定义概念，我们可以将其理解为社会公众通过各种媒体接触到的冬奥会举办理念、行为和视觉传达符号，经过思维与情感的整理及分析而形成的对冬奥会的总体评价和社会印象。而在历届举办冬奥会的国家形象及举办国家所要表达的思想理念和国力展现方面，无异于要通过冬奥会举办过程中的媒介事件实现世界对举办国家在体育、文化、政治、经济等方面所进行的相互交融、共享、理解和建构。本书主要从符号学视角和艺术审美视角分析历届冬奥会形象文化的视觉元素，从符号学视角分析冬奥会的会徽标识、吉祥图案、景观设计、民族色彩、构图元素等静态视觉元素，从艺术审美视角探析冬奥会的开、闭幕式，颁奖、竞技瞬间等动态视觉记忆。

（三）研究目标

运用符号学、体育学、文化学等理论方法总结、评述、归纳冬奥会视觉形象的现有文化内涵，以传播、发展视角构建冬奥会视觉文化推演的理论模型与评价机制，进而推动奥运会非物质文化的传承与发展。

研究目标一：论述冬奥会视觉形象的概念、内涵，确定冬奥会视觉文化的研究范畴。

研究目标二：整合冬奥会视觉各个元素，回顾冬奥会视觉影像与精彩瞬间，阐释冬奥会视觉形象的标识形式、语义分析、设计思路、未来趋势。

研究目标三：实际应用，用符号学理论创设中国冬奥会的视觉形象设计与后续文化解读。

（四）研究思路

1. 收集资料

收集和整理与冬奥会相关的国内外文献资料。

2. 多维分析

全面审视冬、夏奥运会视觉形象差异，以时间与空间作为两大研究主线，探究冬奥会视觉形象的符号学文化内涵。

3. 创设理论

构建符号学理论视域下冬奥会视觉形象的标识形式、语义分析、设计思路、未来趋势等理论框架。

4. 实际应用

用理论模型助推中国冬奥会举办前的视觉形象设计，用文化延展视角解读、挖掘中国冬奥会的后续文化内核。

(五)研究方法

1. 文献资料法

文献资料法是通过查询中国知网、超星图书馆、国外政府网站、国际奥委会网站等，获得有关冬奥会视觉形象和体育艺术作品的画册及有关研究文献等，并进行归纳、总结与分析，为研究进展提供充足的资料支撑。

2. 比较分析法

比较分析法是比较历届冬奥会的视觉符号的设计特点及传达寓意，辨析二者在符号学理论视域下的差异特征和表现效果。

3. 评价分析法

评价分析法是结合体育学、美学、历史学、哲学等理论研究方法，对冬奥会视觉形象的发展过程及对奥林匹克运动的影响做出准确评价。

4. 访谈法

访谈法是通过走访体育学、符号学、视觉传播学专家和学者及北京奥运会视觉形象设计的相关部门，确定奥林匹克视觉形象的艺术范畴，听取专家和专业人士的意见，以启发思维、认证观点、丰富知识和检验研究成果。

第三章　视觉图形与奥运会图标

第一节　奥运会视觉图形的表达

图形是一种国际化的语言符号，可以跨越一定文化差异所产生的沟通障碍，更可以超越地域与空间，是一种重要的交流工具。在现代信息化社会里，人们已经可以通过影视、网络、报纸等各种媒介传递信息，图形元素在视觉传达和信息传导过程中起到了至关重要的作用。在奥林匹克运动传播过程中，奥运会作为国际性文化交流的重要赛事，其所运用的图形元素随处可见。图形元素既可以表达奥运会理念、精神、价值等意象功能，还可以发挥指向、导引、图解等服务性标识作用，但作为奥运会视觉形象的重要组成元素，图形都要经过筛查、核验等流程才能正式呈现给公众。“读图时代”的到来，使人们更愿意接受由图像传达出的简洁之美和易解之意，也更被不同地域、不同肤色、不同语言文化背景的人们所接受。尤其在冬奥会视觉形象构建过程中，图形表达与夏季奥运会的视觉形象存在一定差异，在季节特征、项目选择、参与国家等方面差异更为显著。

一、奥运会图形存在的原因

图形存在于现实世界里，用于表现物质的客观存在。图形可以描绘出自然界中的山水树木、城市里的高楼建筑等实体物象，也可以通过现实生活中的复杂物象和抽象记忆，来描绘场景、人物、事件，以及人类可以感知和接触到的任何实物、景象。在虚拟世界里，图形可以间接表达出人的视、知觉所呈现的心理印象，可以用于表达人的感受、感觉，如同文字、语言一样用于表达人脑和内心所要传达出的轮廓形象。

图形是用图案形式进行视觉信息传播的工具。在奥运会中，图形的应用范围极广，领域也十分宽泛，在会徽、宣传海报、纪念章、建筑标识、指示图例等方面都用到了图形元素。图形具有相对完整的视觉寓意和思想内涵。奥运图形强调图解、说明、释义的功能，是对奥运人文艺术形式和奥运精神的抽象解读，也是对奥运文化语言内涵的直观阐释。古代奥运会中的图形出现在岩石壁画、石器器皿等物体上，记录着比赛场景。现代奥运会中的图形作为艺术创作的原素材，通过有创意、有特征、富有属性的形象来表达奥运会的形象。图形是由点、线、面、色彩等构成的，是为人类所服务的创意符号。

作为奥运会视觉系统的重要组成元素，图形的视觉传达也可以理解为奥运会视觉信息的传达。奥运会图形一身兼二职，它既是一种独立的艺术符号，又是奥运会舞台上举足轻重的魅力“角色”；它既能充分满足奥运会参与民众的艺术审美要求，又能解决奥运会形象传达出的信息、技术、理念及大众传播价值的实际需要。奥运会图形作为一种文化符号，一种用于快速传达奥运会信息的工具，不是单一地表达外在图像之意，而是通过图形外在图像加上审视者视觉感知而成的蕴含意义，这就是图形的再加工、再创作、再生成。在符号世界里，奥运会图形可冷可热，而且形、情、意结合，充分利用传统和现代的文化符号，成为20世纪后半期奥运会宣传形象设计师们最为关注的信息传播手段。奥运会举办国所要展现的民族文化、历史文明、发展实力通过图形、文字、色彩等作用于人的视觉，再由视、知觉所获得的感观效应激发心理产生反应，最终实现奥运会举办理念的传播功能。在传媒业无比发达的今天，奥运会图形在各种现代媒体中扮演着重要的“传播大使”，甚至具有主导地位，比语言、文字更为广泛地被不同文化水平、不同地域、不同肤色的奥运会参与者所接受。

二、奥运会图形的意义和解读

冬奥会视觉形象中，图形主要承载着传播信息的功能，它以简洁、直观的形象承载着图像信息，让信息易于识别、记忆并产生影响。冬奥会图形的应用范围极广，冬奥会上可以见到的每一个图形都是通过奥组委正式审查过的规范图形，每一个图形都是经过观察、审阅、鉴别其用途、使用范围、特征、演变发展等过程，通过集体构思和个性发挥凝结设计出来的。著名的意大利符号学家安伯托·艾柯(Umberto Eco)说过：“人是符号的动物，没有符号就没有人类社会。”人类社会是由各种符号构成的，冬奥会也不例外。冬奥会的图形元素在历届冬奥会赛场内外随处可见，从最初的冬奥会宣传海报、会徽设计、项目图标、吉祥物设计样式、场馆外观结构，到赛场内的广告宣传、场地景观、奥运村宣传板，再到媒体宣传用到的图形元素，琳琅满目，异彩纷呈。

冬奥会使用的图形元素属于人造物像，是人有意识地创造出来的具有特殊意义的图形，而意义是人对客观事物的认识与评价。针对历届冬奥会会徽、奖牌、纪念章、项目图标和指示牌等设计，图形元素几乎占据全部版面。在设计环节上，冬奥会图形的设计思路要与举办国家的文化相互支撑和关联，就是要根据意义去创作图形，给图形赋予意义，使创造出来的图形成为承载冬奥会蕴意的载体。冬奥会使用的图形分为两种类型：一类是指向性、说明性的图形；另一类是象征性、内涵性的图形。对于指向性、说明性的图形，可以理解为实际生活中许多可供解读的图形，如汽车驾驶员要通过交通标志去掌握道路信息和执行道路导向。禁行、人行道、单行、停车标志等，都是用于使驾驶员和行人了解前方道路的行驶状态和规章的图形。再如公共场所或特殊场所的出口标志、安全门导向、火警报警标志、卫生间标识等，是用于向市民提供帮助、便捷服务的指示性图形。在冬奥会的视觉形象构成体系中，具有服务性的公共设施、公共场所、特殊设备、安全提示、便捷服务等适用于各国参会人员的导向性标识牌比比皆是，而这一类可以统称为冬奥会指示性图形。而象征性、内涵性的图形被赋予的功能、意义、审美、文化等内涵较为丰富，这类图形设计要经过先立意、再设计的过程。此类图形多用于奖牌、会徽、纪念章、宣传画当中，尤其是会徽设计中图形的使用要慎之又慎，极为精细。奥运会对图形的基本要求，就是看它是否能够准确传递设计者所要表达的意念，让受众在第一时间接收特定的信息，并满足受众的审美需求，同时还能承载举办国家所传达的对奥运精神、国家面貌、民族文化等的附属含义。美国图形设计理论家菲利普·梅洛斯(Philip Melos)曾说：“如果图形不具有象征或词语含义，则不再是视觉传播而成为美术了。”奥运会通过不同图形的传播方式，使人们获取大量感官视觉信息，从中得到沟通交流的便利，同时又以其艺术的导向性，传达各种情感的、审美的和象征的心理意义，从而不断丰富人们对奥林匹克主义、奥林匹克精神、奥林匹克文化的感知经验和心理感受。

三、奥运会图形的表现与符号

在图形发展的最初阶段，图形具有集语言、象征符号、文字、绘画等各种信息传播形态为一体的功能，承担着早期信息传递功能，并兼具社会文治与教化作用。回顾1924年第1届法国夏慕尼冬奥会的会徽，其中的振翅雄鹰、雪橇运动场景、橄榄枝和白雪皑皑图形向世人展示了冬季项目的独特魅力，虽然这届冬奥会会徽是被“追加”的，但这届会徽的雏形设计却成为后几届冬奥会会徽设计的原始素材，同样涵盖了冬季奥林匹克运动的独特象征。通信发达的今天，几乎每个人每天都要接收不同文化层面的图形信息，享受着图形带来的传播便利和交流顺畅感。这对冬奥会图形的设计既提供了丰富的素材，又提出了巨大的挑战。理念新、创意奇、表现特、视觉强的视觉图形设计成为历届冬奥会设计理念突破的重要前提，这种图形设计要求，无形中使各国设计师背负上巨大的心理压力，因为没有一种设计是可以满足人们的“众口”，没有一种图形可以出乎人们的“意料”，更不可能存在一种色彩超出人们的视野。面对图形表现方式的传承与积淀，冬奥会图形的表现力要以简洁、直观的形象示人，还要承载独特、新奇、创意的文化信息，设计过程可谓步履维艰。对于图形的设计，美国平面设计大师兰尼·索曼斯(Lanny Somans)认为：“现如今图形设计领域里呈现出一种流于表面形式且意义肤浅的趋势，这种趋势产生的原因是设计师过于注重表面圆滑的技巧，以及在设计过程中过于注重千篇一律的公式和数据库进行分析，忽视了设计中最为重要的内在个性特征及其创造性解决问题的艺术方式。”在奥运会视觉图形设计过程中，一些非正式的奥运会图形设计流于表面形式，无深刻含义，还一味地追求圆滑技巧和形式，这影响到了奥运会视觉系统的整体形象，应当被举办国家予以重视和规范。不同的创意应采用不同的表现形式，而不同的功能要求又塑造出不同视觉效果的图形。用于宣传奥运会的图形、奥运会标志的图形、奥运会建筑导向的图形都要塑造出不同的表现效果。

图形与符号之间的关系非常密切，图形的表现力决定了图形与符号之间的转换过程。图形的表现通常是多样化的：具象、抽象、文字，等等。图形中包含了各种内在的符号，有的是符号的组合形成了图形，但符号组合而成的图形往往不能再被认可为符号，这也是人脑中对符号的认知过程所决定的。譬如，禁止烟火的符号，原本是一个火柴燃烧的“图形”，但被放置在山林或加油站等禁火场所，久而久之被人们认同为禁止烟火的“符号”了。所以说符号可以是图形，但是图形不一定是符号。与之同理，奥运会图形的表现力与符号的关系非常微妙。奥运会符号可以是图形，但奥运会图形却不一定是符号。

奥运五环，既是图形，也是一种符号。原因很简单，奥运五环在公布之初，只是一种标识性的图形，但后来被广泛应用于各种体育赛事和体育宣传中，其本身已经不指称某个实在物，而是承载奥运含义、体育的象征，所以奥运五环标志具备了符号形成的三要素，是名副其实的奥运符号。

在异彩纷呈的奥运会图形中，奥运会符号在图形表现过程中浮现出来，并逐渐被世人接受和认可。对于奥运会符号而言，每个符号并不是独立存在的，在特定环境中被公众认同、认定的图形才可能成为奥运会符号系统中的一员。奥运会符号系统需要奥运会符号的组成才能产生意指作用。譬如，交通路口的红、黄、绿信号灯，如果将其分开而独立存在就失去了交通指示作用。所以说奥运会符号存在于系统当中。在奥运视觉设计领域，奥运会符号识别系统如同许多企业、公司、医院等导入了 CIS 识别系统，这个系统包括语言符号系统、礼仪符号系统、服装符号系统、文字符号系统及视觉识别系统的内容。但要明确说明，视觉形象或视觉符号系统的构成是在众多种类形成汇集后才能存在，而且彼此之间存在相互关联且各具本质特征的关系。奥运视觉识别系统也是依赖于其他行业、领域的识别系统建立起来的一套应用系统。

第二节 奥运会体育图标解读

信息技术的发展可谓一日千里，图形的数字化、信息化特征日益明显，满足了人类渴望方便快捷的无障碍交流的需求。在人类发展的历史长河中，产生了许多具有共识性的图形，这些图形为标准化的标识奠定了基础，从而产生了在全球大部分国家都通行的娱乐、交通、安全等领域的指示性图形符号。德裔知觉心理学家鲁道夫·阿恩海姆(Rudolf Arnheim)在《视觉思维》一书中写道："思维需要形状，而形状又必须从某种媒介中获取。"所以，设计有意义、有创意的图形也要通过在多种媒介中获取，并归纳、提炼成适合某种特定环境应用的图形。

奥运会体育图标是一种具有巨大生命力的视觉设计元素，其应用和实用效应不可替代。在奥运会视觉形象建构过程中，体育图标是历届夏季奥运会和冬奥会中必须执行的"规定动作"，更是对体育项目的图形化诠释。时任北京冬奥会组织委员会体育部部长的佟立新表示，奥运会是一个融合了多元文化的国际性赛事平台，体育图标作为项目图形标识，其作用超越了语言和文字，“具有非常高的使用价值”。奥运会体育图标是一种彰显举办国与举办地独具匠心的创意设计、独特理念和民族文化的方式。体育图标的主图案要充分显示出体育运动项目的特点、人物形象、竞技动作，并从媒介手段、科技方法、绘画手法等不同角度来展示举办国家的设计思路。冬奥会的体育图标相对夏季奥运会来说更具“季节+器材+形体”特征，但通过图形描绘运动中人体的美与力的理念是恒久不变的。在体育图标中，体育美与运动美以人为主体，以展示动作美感为基本特征。体育美始终是一种动态的美，是人在运动中所体现出来的姿态美和动作美。在设计体育图标的过程中，要充分体现出奥运会早期的口号“更高、更快、更强”的精神实质，要充分反映人类超越自我的信心。

一、夏季奥运会体育图标的时代引领

每一届奥运会，主办城市都会设计一套体育图标。体育图标外观的设计目标是作为观众的“引路人”及反映当地的文化。奥运会举办时，来自世界各地的人们聚集在一个地方，一同见证世界上最伟大的体育赛事。然而，这些人讲着不同的语言，有着不同的文化背景。对于参赛者的引导和场馆比赛信息的告知，一个有效的沟通体系是至关重要的，体育图标便应运而生。运动项目图标的诞生始于夏季奥运会，其设计理念与设计用途也成为冬奥会效仿的“基础模板”，并在造型设计与传达理念上推陈出新，从色调、体态、器具等方面区别于夏季奥运会。追溯往届夏季奥运会可以更清晰地读懂冬奥会的设计沿革，也可以辨析出在同一年代、同一时期、同一流派冬与夏的设计差异。用不同的眼光与不同的文化审视冬、夏奥运会的运动图标的设计轮廓和文化底蕴，可以呈现出时间带给我们的奥运文化遗产所留下的时代烙印和发展轨迹。

就像火炬传递一样，吉祥物、奥运会标志、体育图标的发展也遵循着奥运会的时间轨迹。奥运会运动项目图标早在1936年第11届德国柏林夏季奥运会就有少量使用，但第一次以图形表示体育运动的尝试出现在1948年第14届英国伦敦夏季奥运会上，但是那时的图形与我们现在所习惯使用的图形完全不同。

（一）1948年第14届英国伦敦夏季奥运会体育图标

1948年第14届英国伦敦夏季奥运会最早出现了体育图标（图3-1），主办国为 18 个奥运项目设计了 20 个图标，这也成为体育图标设计的“首秀”之作。在图标设计框架中，运动项目的描绘多以运动器材作为设计主体，用不同的比赛器具直观描述比赛项目的名称，用到人物图形的仅有跨栏、游泳、摔跤 3 个运动项目图标。

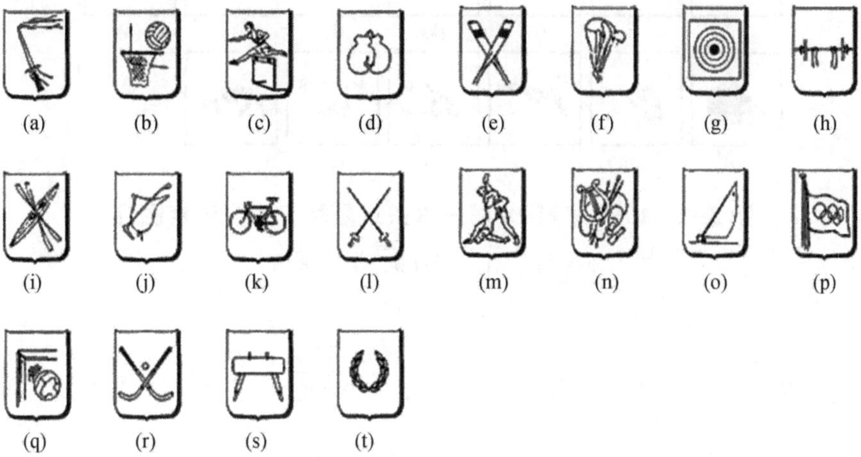

图 3-1　1948 年第 14 届英国伦敦夏季奥运会体育图标

(设计者不详)

(二)1964 年第 18 届日本东京夏季奥运会体育图标

在 1964 年第 18 届日本东京夏季奥运会上，我们可以看到一套完整的体育图标，包括表示场馆、服务及体育运动的标记。此届奥运会将这种象形体育图标的设计创建了一个完整的符号系统。这套图标是伊索符号系统以图代文设计理念的延伸，集中体现了东京国际主义风格。这种风格实际上是浮世绘设计风格和国际主义风格的融合，注重对称化的设计构图，简洁明了，信息传达迅速准确，同时加入了日本文化的特点，给人们留下了深刻的印象。1964 年第 18 届日本东京夏季奥运会创造出的运动项目图标和公共信息图形等视觉形象在奥运会史上是开先河之举。这是奥运会首次在亚洲国家举行，面对来自世界各地、不同文化背景的人，沟通的隔阂不可避免。为了解决这一问题，以设计评论家胜见胜为中心，11 位年轻艺术家组成的设计团队负责奥运会的运动项目图标和导航路标图标设计(图 3-2)。在奥运会结束之后，日本奥组委决定将这些标识符号无偿提供给所有国家。从那时起，每届奥运会都有了不同版本的图标设计，不同的国家在此基础上用各国特色的元素诠释。

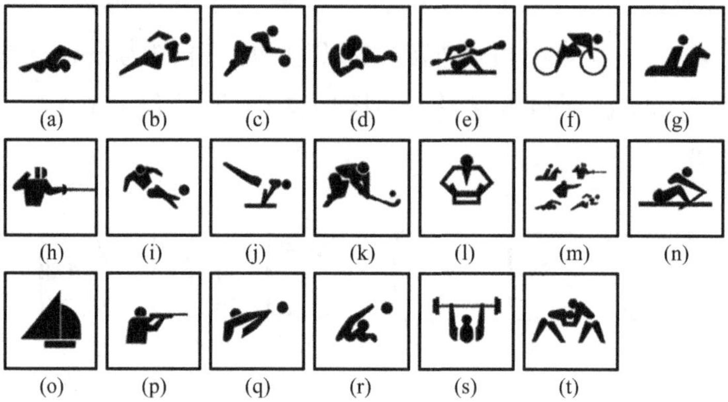

图 3-2　1964 年第 18 届日本东京夏季奥运会体育图标

（设计：山下芳郎、胜见胜）

(三)1968 年第 19 届墨西哥墨西哥城夏季奥运会体育图标

1968 年第 19 届墨西哥墨西哥城夏季奥运会体育图标是设计创意最大胆、色彩运用最绚丽的一届。这套图标在视觉上高度简化，仅以运动员肢体或运动器材的一部分为识别特征，遵循了以局部代表整体的原则，可以将它们看成一种象形文字。这些图形参考了墨西哥的文化和历史。墨西哥在会徽和体育图标设计中对设计风格、图形色彩、纹理线条采用了巧妙的调整，大胆、开放、绚丽的会徽和体育图标设计为墨西哥营造了一个气氛热烈的奥运盛会形象，也让全世界记住了这个国家。设计师兰斯·怀曼(Lance Wyman)和他的设计团队没有受到 1964 年第 18 届日本东京夏季奥运会的影响，而是采用了运动器材剪影作为图标的主图案，并在色彩搭配上采用了和奥运会会徽统一的风格(图 3-3)。此届奥运会结束之后，怀曼还将这种图标设计风格，应用到墨西哥地铁站的标识设计中，形成独特的站名图形，其中融汇了每个站点特殊的历史文化或外观形态，并将其编入地铁地图，易于旅行者辨认和使用。

(四)1972 年第 20 届德国慕尼黑夏季奥运会体育图标

1972 年第 20 届德国慕尼黑夏季奥运会体育图标将机械感加入其中，突显工业、科技的显著地位。这届奥运会体育图标在奥运会历史上，首次出现了完整的标准化视觉语言，直到今天依然有着非凡的影响力。20 世纪 70 年代的德国刚经历完第二次世界大战的炮火，又被分为东、西德，带着阴沉的气氛。德国著名设计师奥托·艾舍(Otl Aicher)率领德国慕尼黑奥运会美术设计团队，应用网络系统，将图标设计出明显的几何化特征，线条角度基本以 45 度及 90 度为主，色彩应用未延续 1968 年第 19 届墨西哥墨西哥城夏季奥运会设计的明亮色彩风格，而是追求阴沉、厚重的黑色全图格调，人物形象设计立体、直观，项目特色十分鲜明，在风格上高度统一，突出了德国民族理性、冷静的个性，同时也为以后的奥运会运动项目图标提供了比较完整的设计思路(图 3-4)。

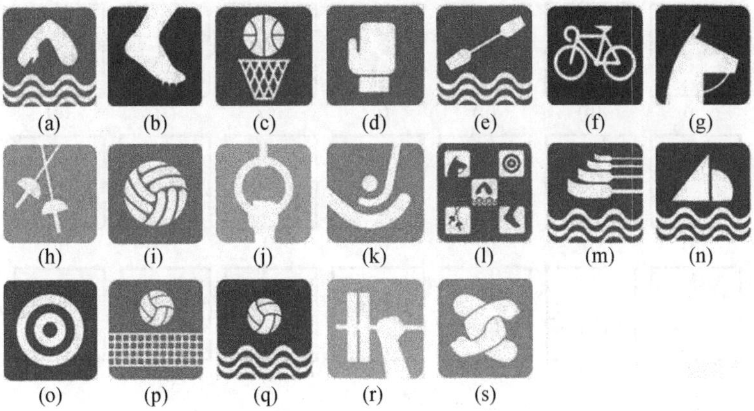

图 3-3　1968 年第 19 届墨西哥墨西哥城夏季奥运会体育图标

（设计：兰斯 · 怀曼等）

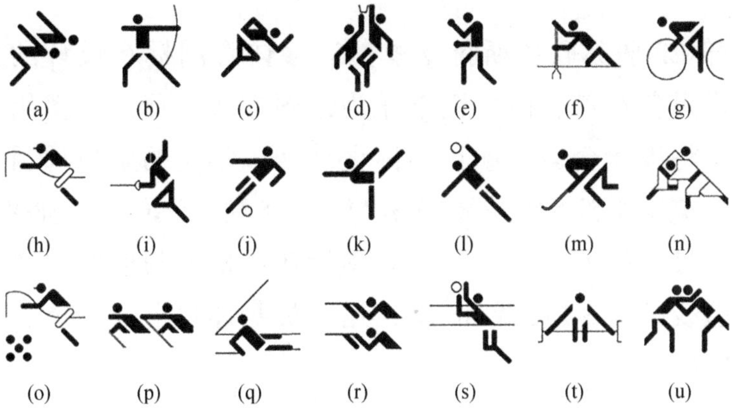

图 3-4　1972 年第 20 届德国慕尼黑夏季奥运会体育图标

（设计：奥托 · 艾舍等）

（五）1976 年第 21 届加拿大蒙特利尔夏季奥运会体育图标

1976 年第 21 届加拿大蒙特利尔夏季奥运会体育图标是 1972 年第 20 届德国慕尼黑夏季奥运会运动项目图标的延续，除了调整部分图标中运动员的朝向和色彩外，没有创新性的变化（图 3-5）。

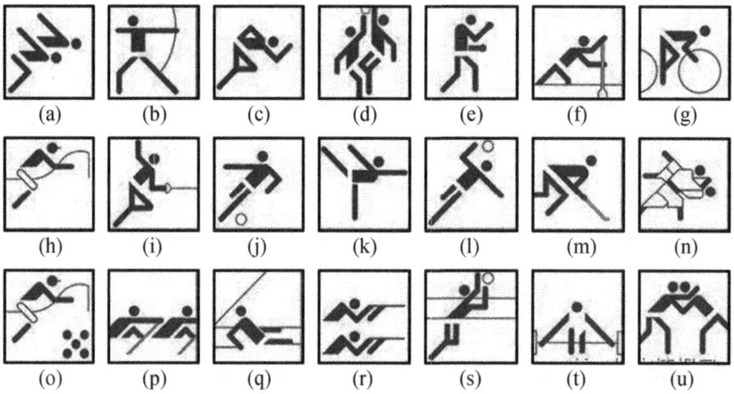

图 3-5　1976 年第 21 届加拿大蒙特利尔夏季奥运会体育图标
（设计：奥托·艾舍、乔治·休尔、皮埃尔·伊夫·佩勒捷）

（六）1980 年第 22 届苏联莫斯科夏季奥运会体育图标

1980 年第 22 届苏联莫斯科夏季奥运会体育图标在设计的色彩配合上稍有调整，将黑色背景、白色镂空作为绘图方式。莫斯科奥组委与几所艺术学校联系，将奥运会运动项目图标设计纳入学生的学位项目，最终选用了穆希娜工艺美术学院（现圣彼得堡“施蒂格利茨”国立工业艺术大学）毕业生尼古拉·贝尔科夫的设计。这套图标在风格上与前两届奥运会的运动图标相似，但线条呈 30 度或 60 度，运动员身体也形成一体，与之前相比更柔顺（图 3-6）。

（七）1984 年第 23 届美国洛杉矶夏季奥运会体育图标

1984 年第 23 届美国洛杉矶夏季奥运会体育图标的产生一波三折，原定要以 1972 年第 20 届德国慕尼黑夏季奥运会体育图标作为基础版本，但经过协商后洛杉矶奥组委发现原创更具经济、环保、节约的性能。为此，洛杉矶奥组委利用竞标形式征集体育图标的设计权。通过竞争，基思·布莱特（Keith

Brett)及合伙人公司获得竞标。在后续的图标设计过程中，布莱特及合伙人公司考虑到体育图标的设计标准和意义表达，从图形符号表达功能考虑图形直观识别性，从图标外观尺寸考虑比例尺、样式和主题处理的一致性，从后期应用和识别角度考虑图标的易读性与实用性，从对称视觉角度考虑图标正反视觉效果的灵活性，从图形与字体搭配使用时实现注目效果的兼容性，从文化、风格、民族角度考虑图标创意的独特性。基于以上设计理念，设计师最终设计的图标相当实用，图标中运动员的躯干、四肢和头部是分开的，清晰地传达了运动项目的特点(图 3-7)。

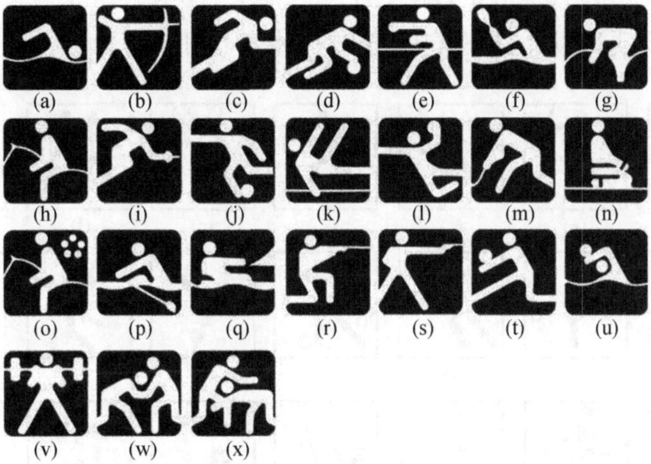

图 3-6　1980 年第 22 届苏联莫斯科夏季奥运会体育图标

(设计：尼古拉 · 贝尔科夫)

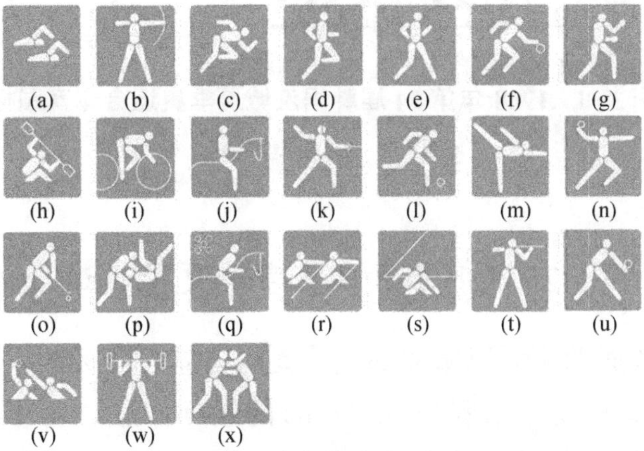

图 3-7　1984 年第 23 届美国洛杉矶夏季奥运会体育图标

(设计：基思 · 布莱特及合伙人公司)

(八)1988 年第 24 届韩国汉城夏季奥运会体育图标

1988 年第 24 届韩国汉城(现首尔)夏季奥运会体育图标，在人物图形元素方面创意一般，但在样式上明显区别于以往奥运会的体育图标，主要区别在于人物色彩搭配以黑白为主，且绘制的人物图形整合一体，运动器材图形减省了象形线条，生动且直观。这套图标结合了东方设计思想，借鉴了 1972 年第 20 届德国慕尼黑夏季奥运会的严谨造型。运动员的头部、四肢和躯干及其他元素在颜色上形成鲜明对比。譬如，游泳运动项目出现了 3 位运动员的形象，这种分散排列的方式使图标具有空间感；水球项目也在空间位置上细心调整，展示了该项运动中进攻与防守的战术美(图 3-8)。

图 3-8　1988 年第 24 届韩国汉城夏季奥运会体育图标

(设计：汉城奥组委)

(九)1992 年第 25 届西班牙巴塞罗那夏季奥运会体育图标

1992 年第 25 届西班牙巴塞罗那夏季奥运会体育图标的设计灵感源于西班牙超现实主义画家胡安 · 米罗(Joan Mirò)的绘画作品。设计师将绘画元素抽取出来，以点和曲线表现出动态感，使图标传达出巴塞罗那悠久的文化和现代化建设的活力(图 3-9)。

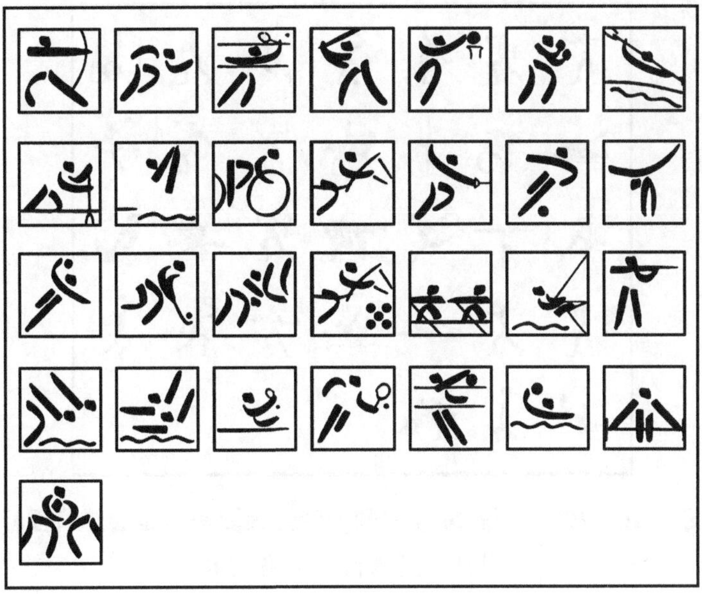

图 3-9　1992 年第 25 届西班牙巴塞罗那夏季奥运会体育图标
（设计：何塞普 · 马里亚 · 特里亚斯）

（十）1996 年第 26 届美国亚特兰大夏季奥运会体育图标

1996 年第 26 届美国亚特兰大夏季奥运会体育图标的设计采用人物造型写实风格，对动作的刻画更加倾向于人体躯干的曲线和柔美，以及肌肉在运动当中所表现的刚劲之美。其设计灵感源于古希腊陶罐上的人物形象，既有古典气息，又兼具了奥运会举办国的民族风格与文化理念(图 3-10)。

（十一）2000 年第 27 届澳大利亚悉尼夏季奥运会体育图标

2000 年第 27 届澳大利亚悉尼夏季奥运会体育图标的设计理念源于澳大利亚土著人的传统狩猎工具。在体育图标设计过程中，采用土著人最具特色的回旋镖图形。回旋镖是土著人挖掘植物和捕捉小动物必备的重要工具。所以，此届奥运会为了突出民族特色，将体育图标人物图形的上肢、下肢部位设计成回旋镖的弯曲形状。虽然在描绘人物图形时略显“粗壮”，但动态的表达方式也显示了运动员的敏捷与速度感，更重要的是通过这种图形设计彰显了澳大利亚对土著文化的崇敬(图 3-11)。

图 3-10　1996 年第 26 届美国亚特兰大夏季奥运会体育图标

（设计：马尔科姆·格雷尔）

图 3-11　2000 年第 27 届澳大利亚悉尼夏季奥运会体育图标

（设计：桑德斯）

(十二)2004 年第 28 届希腊雅典夏季奥运会体育图标

2004 年第 28 届希腊雅典夏季奥运会体育图标中，运动员形象的设计灵感源于古希腊基克拉底大理石雕像。每一个图形都具有易识别性，可以充分、快速地表达出项目特点。雅典奥组委针对 28 项运动项目共设计了 35 个体育图标，其充分借鉴了古代陶器上的碎片图形，重点考虑简洁的人物形状，用黑色块面来表现人形，用细线勾勒动作细节，并把黑陶花瓶碎片效果作为图标的背景形状。体育图标在设计之初就把古希腊的历史、文明、发展作为设计思想的总基调，充分展现了艺术与文化融合的表现手法，将唯美的艺术写实手法与图标的实用功能展现给世界各国人民(图 3-12)。

图 3-12 2004 年第 28 届希腊雅典夏季奥运会体育图标

(设计：雅典奥组委)

(十三)2008 年第 29 届中国北京夏季奥运会体育图标

2008 年第 29 届中国北京夏季奥运会体育图标以篆字笔画为基本形式，并结合美学和运动的概念。图标充分利用直线和曲线的组合，既融合了中国古代甲骨文、金文等文字的象形意趣和现代图形的简化特征，又是对篆书书法风格的传承。其中运用了拓片的概念，利用黑白两种颜色，突出拓片黑印白字的直观效果。体育图标整体设计结构紧凑、字形修长，呈现出简洁、实用的现代符号特征。北京奥运会体育图标显示出优美鲜明的运动特征和柔顺流畅的运动美感，以及文字人形的文化内涵，达到形与意的和谐统一，并向世界传达了“人文奥运”的奥运体育精神(图 3-13)。

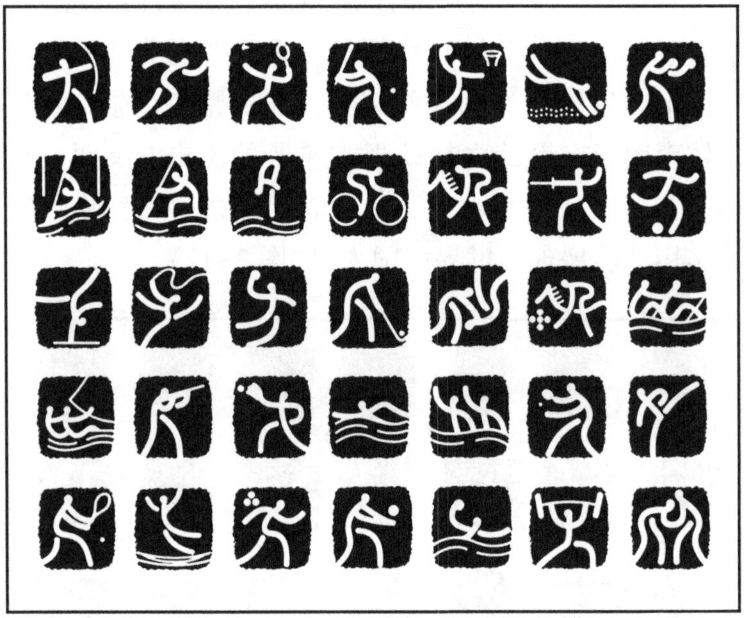

图 3-13　2008 年第 29 届中国北京夏季奥运会体育图标

(设计：中央美术学院、清华大学艺术设计学院)

(十四)2012 年第 30 届英国伦敦夏季奥运会体育图标

2012 年第 30 届英国伦敦夏季奥运会体育图标共设计了两个版本，一个为标准用途而设计的“剪影”系列(上半部分)，另一个是受伦敦错综复杂的地铁路线启发而设计的“动感”系列(下半部分)。这两个版本的图标风格既有相近之处，又有差异之别。在人物造型的轮廓上基本相同，但在绘制手法上突出了面与线的不同呈现效果，在绘制人物时，整体效果贴近实际，具有时代动感，色彩鲜艳，均运用 3 种颜色来呈现体育图标的形象。整套图标设计借鉴了伦敦地铁图标的创意，且在英国发行的伦敦奥运会纪念币上也使用了体育图标，应该说此届奥运会体育图标的设计体现了伦敦城市的特点和气质，并如同此届奥运会的会徽一样，给人以视觉上的“颠覆惊讶”感(图 3-14)。

(a)

(b)

图 3-14 2012 年第 30 届英国伦敦夏季奥运会体育图标

（设计：Some One 设计公司）

(十五)2016年第31届巴西里约热内卢夏季奥运会体育图标

2016年第31届巴西里约热内卢夏季奥运会体育图标的设计理念源于里约热内卢奥运会官方字体，外形是鹅卵石背景轮廓，即里约热内卢的卡里奥克景观。里约热内卢成为奥运会史上首个主办奥运会的南美洲城市，同时也是首个主办奥运会的葡萄牙语城市。此届奥运会体育图标共设计了41个，在人物形态方面采用粗线条来描绘运动员的形体美，用细线条描绘运动器材，图标粗细分明，蓝白色彩明亮、庄重，呈现出作为东道主国家对于世界人民的热情和美好愿望(图3-15)。

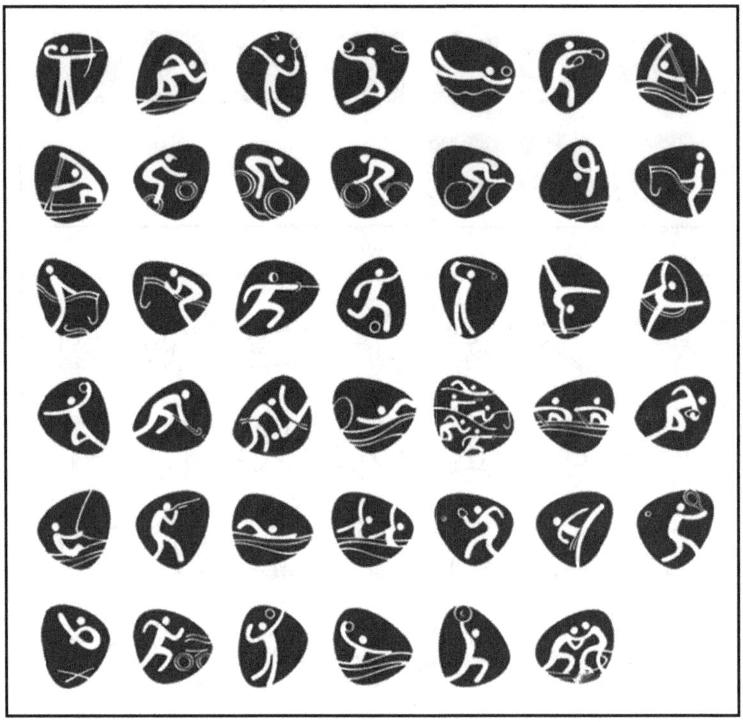

图3-15　2016年第31届巴西里约热内卢夏季奥运会体育图标

(十六)2020年第32届日本东京夏季奥运会体育图标

2020年第32届日本东京夏季奥运会针对33个竞技项目设计了50个体育图标，图标主色源于会徽中的蓝色。此届奥运会体育图标首次引入动态图标，动画设计分为3个部分：亮相、展示动作和消失。日本著名设计师广村正彰(Masaaki Hiromura)设计静态图形，井口皓太(Kotalguchi)设计动画部分。

动、静体育图标在此届奥运会期间担任了传达信息交流和准确标识每个比赛的重要工具。这届奥运会体育图标的设计与2012年第30届英国伦敦夏季奥运会有相近之处，均采用两套人物图形相同、但描绘手法不同的表现形式，属于阴图型(有圆形背景)和阳图型(无圆形背景)。本届体育图标在理性地分析客观条件的同时，又融汇自身对设计的体会，相互结合的方式则是设计的路径。整套图标的设计灵感来源于1964年第18届日本东京夏季奥运会的体育图标。广村正彰说道："设计要与时代共进，所以我尝试融入运动员的活力，以青春的代表——肌肉，加上现代极简设计风格组成这套新图标。"他希望通过这套体育图标来激发人们对此届奥运会各类比赛项目的热情，为奥运会增加一抹亮色(图3-16)。

(a)

(b)

图3-16　2020年第32届日本东京夏季奥运会体育图标

(设计：广村正彰、井口皓太)

综上，每届奥运会体育图标的设计都是独一无二的。从 1948 年第 14 届英国伦敦夏季奥运会体育图标的出现，到 1964 年将体育图标作为奥运赛事的正规要求，再到 1972 年第 20 届德国慕尼黑夏季奥运会的体育图标被认为是体育图标发展的里程碑，任何一届奥运会的体育图标都有着清晰和简洁的线条，通过运动和速度描绘着体育运动。每一届奥运会的体育图标都有自己突出的特点，如 1992 年第 25 届西班牙巴塞罗那夏季奥运会体育图标描绘了运动中的人体；2004 年第 28 届希腊雅典夏季奥运会的体育图标则选择反映传统与现代之间的冲突；2008 年第 29 届中国北京夏季奥运会体育图标设计灵感来自中国古代历史及青铜器铭文标记；2012 年第 30 届英国伦敦夏季奥运会出现了两类体育图标，一类是标准的轮廓风格，而另一类色彩缤纷的设计灵感则来自城市地铁地图；2016 年第 31 届巴西里约热内卢夏季奥运会还推出了残疾人奥运会(以下简称“残奥会”)的体育图标，这在奥运会历史上是首次；2020 年第 32 届日本东京夏季奥运会体育图标巧妙地传达每项运动的特点和运动精神，同时艺术地突出运动员的活力，将抽象主义与现实主义完美地融合，体现了设计艺术的独特美学，这是奥运会历史上首次以动态形式呈现的运动图标，提升了观众的观赛体验。体育图标设计就如同奥运会竞技项目一样，记录被一次又一次地刷新和超越，但却没有人可以估算出哪次才是人类体能的极限，设计领域更是如此。科技在跃进，人类的思考亦是无止境的，也许在未来的体育图标设计中，会有更大的超越和突破。

二、冬奥会体育图标的魅力传承

冬奥会运动项目图标以简洁、动感、活力作为设计原动力，依托地域文化、季节特色、民族气质形成了系列视觉符号体系，也形成了特定的冰雪运动符号识别系统。冬奥会项目图标被广泛应用于赛事举办期间的道路引导系统、场馆主题符号识别与装饰系统、赛事运动员与观众的指导手册及电子指南等相关服务体系中。冬奥会运动单项图标构成了每届冬奥会的视觉形象与景观文化的重要基本图像元素，承载着重要的视觉引导作用和东道国的民族奥林匹克文化思想。

截至 2022 年第 24 届中国北京冬奥会，纵览历届冬奥会运动项目图标发展历程，可分为 3 个发展阶段：初创期(第 1 ~ 9 届冬奥会)、发展期(第 10 ~ 19

届冬奥会)、成熟期(第20~24届冬奥会)。

前9届冬奥会的运动项目图标的设计以实用、直观和具体形象作为基本思路，所设计的单项体育图标在设计风格和科技运用上比较简洁、清晰，针对符号语言的应用虽然已经在一定程度上显示出独特且丰富的内涵，但受到当时社会的发展水平和计算机、平面设计的发展格局限制，设计师的想象力和创造力在一定程度上受到外界环境的制约。早期的冬奥会体育项目图标设计已经具备了一定的设计框架和设计风格，为符号语言的全新运用做了一定的探索铺垫，设计图形从运动员的特定运动角色的简单描绘，开始向具有抽象化和符号化的视觉文化概念转型，并逐渐被世人所接受和记忆。所以，第1~9届冬奥会的单项体育图标的设计，为后续体育图标设计发展奠定了重要的前期基础。

在冬奥会运动项目图标的发展期，也就是第10届之后，在众多史料中可以查询到许多相关记载和影像资料，这说明了体育图标正式进入了人们的视野。1968年第10届法国格勒诺布尔冬奥会紧随1964年第18届日本东京夏季奥运会发布的一系列运动项目的象形运动图形之后，人们意识到体育项目图标能为奥运文化和大型体育赛事增添新亮点，同时在设计上增加的法国文化色彩，将运动的神与艺术的美融合在一起，实现了艺术与运动的完美表达。

(一)1968年第10届法国格勒诺布尔冬奥会体育图标

1968年第10届法国格勒诺布尔冬奥会体育图标(图3-17)将运动员的动作用粗细变化的线条呈现，采用波浪线、直线和虚线进行有序叠加和排列，并结合点、面写实手法配合线条走势进行人物肢体动作的描述，使象形图形在图标中呈现出模糊、动态、流光的现代设计特征。这一设计与同年的第19届墨西哥墨西哥城夏季奥运会会徽的设计有一定相似之处。但这届冬奥会的线条更具开放性、延展性和自由性，从线条粗细、排列布局、空间留白等各个方面都给人以速度和滑动感，极大展现了冬季体育运动的特征。这些图标风格类似于欧普艺术(Op Art)。欧普艺术是1960年发展起来的一种艺术运动，它通过线条、形状和空间的特定排列而使人产生错觉。这届冬奥会体育图标的设计有机结合了格勒诺布尔的地理特征和特色文化，采用起伏波动及急速弯曲的线条形态来展现冰雪运动的奥运主题。线条的软硬与单色光线的忽明忽暗的手法，使图标中的运动者更具动感且神秘，规避了因为图像过于具象而使形体表现趋于局限化的问题。这届体育图标的设计被首次应用到各项比赛的奖牌当中，开拓了图标功能的新纪元。

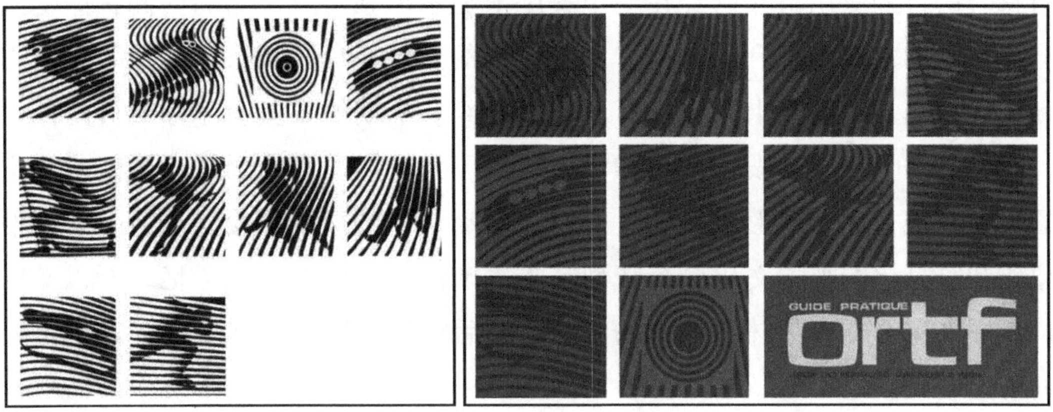

(a) (b)

图 3-17　1968 年第 10 届法国格勒诺布尔冬奥会体育图标

（设计师：Roger Excoffon）

(二)1972 年第 11 届日本札幌冬奥会体育图标

1972 年第 11 届日本札幌冬奥会是在亚洲国家举行的首次冬奥会，其体育图标的设计出自平面设计师 Yoshiro Yamashita 的创意。这届设计图标(图 3-18)也是基于 1964 年第 18 届日本东京夏季奥运会的图形设计调整而来，使用象形图标来介绍运动项目。图标设计与 1964 年第 18 届日本东京夏季奥运会的最大区别就在于季节。本届冬奥会以简单的色调和简洁的图形元素呈现出运动的轨迹与运动员的姿态，形象地介绍了运动项目之间的不同。这种设计风格也符合当时的设计潮流，国际设计界的领军人物路德维希·密斯·凡·德·罗(Ludwing Mies Van der Rohe)提出的“少即是多”的审美理念影响着当下的设计趋势。本届冬奥会的体育图标中没有过于烦琐的装饰性线条、色彩，而是专注于表现人物动作的刻画，以富有日本大和式设计风格的切割感展现运动瞬间，在运动员肢体和冰雪器材等细节刻画上采用圆角柔滑的细致处理，让世界领略到了日本细腻、简洁、清晰的民族气质。

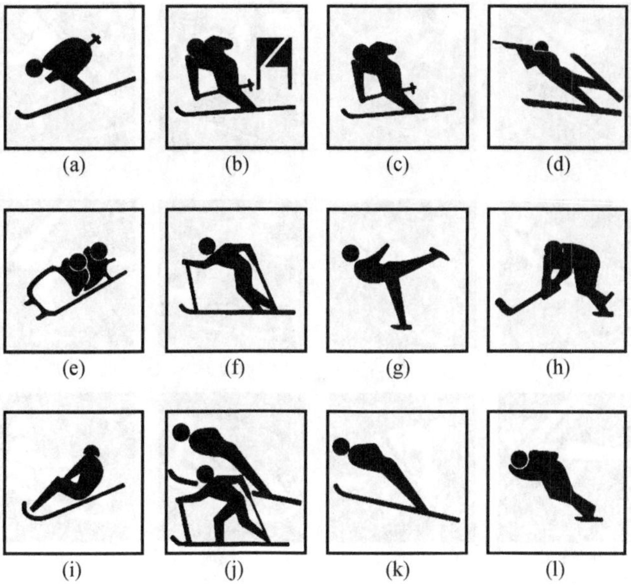

图 3-18 1972 年第 11 届日本札幌冬奥会体育图标
（设计师：Yoshiro Yamashita）

（三）1976 年第 12 届奥地利因斯布鲁克冬奥会和 1980 年第 13 届美国普莱西德湖冬奥会的体育图标

这两届冬奥会体育图标（图 3-19）采用了同一款设计，符合当时所倡导的“节俭”办奥运的宗旨，但在奥运视觉文化体系中略存惋惜。这两届冬奥会的体育图标以简单的视觉风格展示了运动员的动作，用黑白色调展现运动赛道与运动员的竞技瞬间。在图形描绘和线条勾勒方面，与上一届日本札幌冬奥会的最大区别在于，人物形体属于分割不相连的方式，人物头部的侧面轮廓也从圆形变成了不规则的半圆形，从视觉感官上就可以感到运动员在每个运动项目中的表现力。除此之外，四人雪橇和花样滑冰的象形图是通过重复某些图形元素而创作出来的，这种“重叠式”元素设计方式也在后续冬奥会体育图标中被多次效仿和应用。

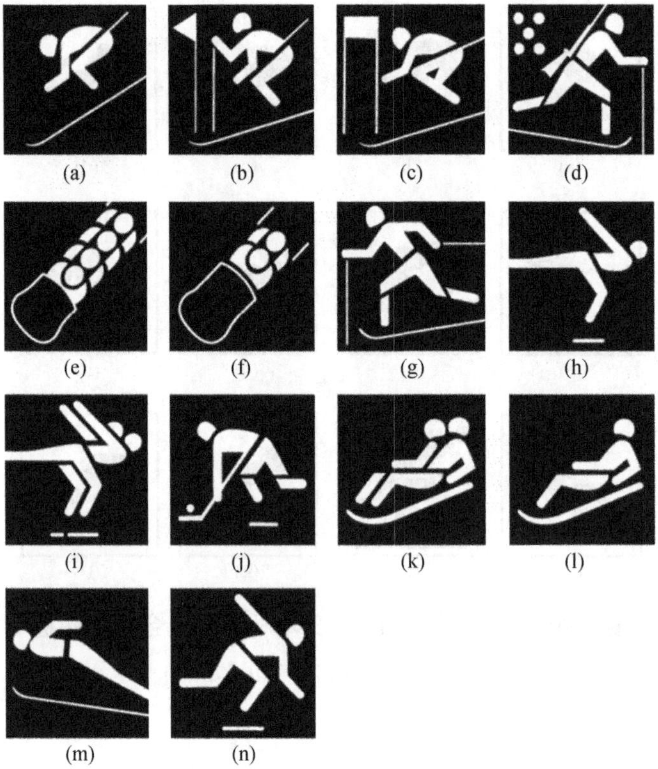

图 3-19　1976 年第 12 届奥地利因斯布鲁克冬奥会和 1980 年第 13 届美国普莱西德湖冬奥会体育图标

（设计师：Alfred Kunzenmann）

(四)1984 年第 14 届南斯拉夫萨拉热窝冬奥会体育图标

1984 年第 14 届南斯拉夫①萨拉热窝冬奥会体育图标(图 3-20)，在图形设计的整体轮廓中变化不大，细微调整之处在于注重运动员身体线条的柔滑处理，以 45 度和 90 度及具有相同厚度的肢体与倒圆角的轮廓，创新式地增加了运动员的“瞬间流线”，既能映射运动员的速度轨迹，又能表示速度之快进而产生风的效果。其创意设计的最终目的是体现运动员的速度与力量。这一届冬奥会体育图标的角度设计与 1972 年第 20 届德国慕尼黑夏季奥运会所使用的图形有相似之处，而且更为突出的是这一届的所有人物图形都是侧面描绘，不存在俯视观察视角，主要是双人雪橇和四人雪橇项目，这是与前 3 届冬奥

① 2003 年取消了南斯拉夫这一名称。

会区别最大的地方。

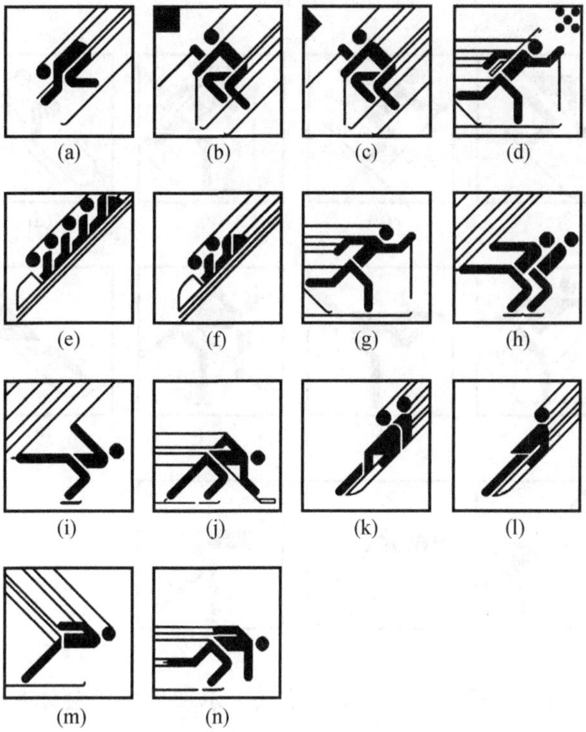

图 3-20　1984 年第 14 届南斯拉夫萨拉热窝冬奥会体育图标
（设计师：Radomir Vukovic）

(五) 1988 年第 15 届加拿大卡尔加里冬奥会体育图标

1988 年第 15 届加拿大卡尔加里冬奥会体育图标(图 3-21)仍是由 1972 年第 20 届德国慕尼黑夏季奥运会象形图的设计师奥托・艾舍设计完成的，所以在人物曲线粗细、姿态幅度、色彩搭配上都极为相似，可以说这一届冬奥会体育图标就是慕尼黑夏季奥运会的“翻版”，在设计上缺少了一丝新鲜感。这届冬奥会体育图标的设计将重点放在趋向公式化和程式化的设计形式上，在人物与冰雪器材轮廓描绘上趋于弱化处理，以简洁、单一、切割的手法作为图标的主要表现方式，与 1972 年第 11 届日本札幌冬奥会体育图标的设计处理如出一辙，并运用单色表现，使图标整体的平衡感和空间感较好，但缺乏对民族气质的表现力，整体极简设计对于内涵和意义的传达缺乏后续想象力。日本札幌冬奥会图标的简洁设计中存在对日本视觉文化元素的内在表现，尤其是对朝阳和雪花的解读，而在本届冬奥会的体育图标设计中，很难读出其对本国视觉文化的解析，这也是二者设计的极大反差，但作为一届具有时代意义的设计作品来说，也是一种新的尝试。

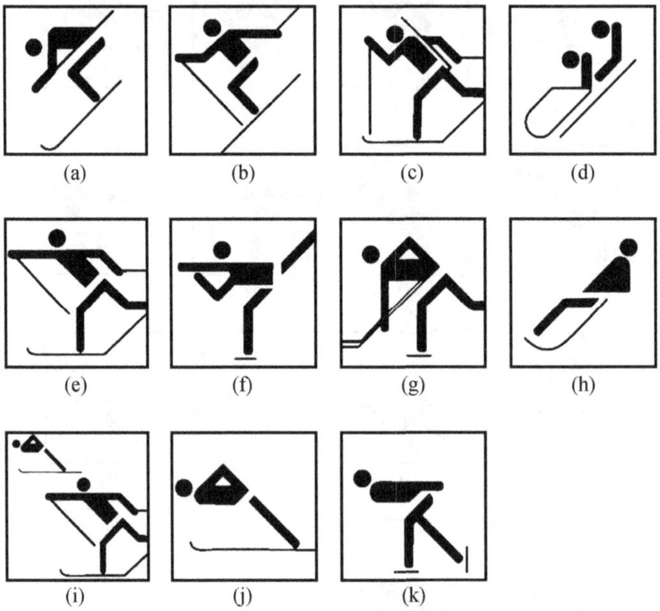

图 3-21　1988 年第 15 届加拿大卡尔加里冬奥会体育图标

（设计师：奥托·艾舍）

（六）1992 年第 16 届法国阿尔贝维尔冬奥会体育图标

20 世纪 60 年代的后现代主义概念极大地影响着大众的艺术审美，开始宣扬视觉形态中的夸张与隐喻，而图形语言与人文、历史故事叙述手段的多元文化融合已逐渐形成设计潮流。1992 年第 16 届法国阿尔贝维尔冬奥会体育图标（图 3-22）在设计上也做出了大胆创新，这与同一年的第 25 届西班牙巴塞罗那夏季奥运会有异曲同工之处，对于竞技动作的描述不拘一格，从线条粗细、浓墨相间、色彩搭配的描绘中既能突显运动特点，又能展现速度、力量和姿态之美，从褐红背景色的应用上也能感受到冬奥会的热情似火。单从这一点来看，本届冬奥会为体育图标的设计增加了一道靓丽的风景线，也使奥运视觉设计开拓了新的思考和想象空间。

图 3-22　1992 年第 16 届法国阿尔贝维尔冬奥会体育图标

（设计机构/设计师：Desgrippes & Associés）

（七）1994 年第 17 届挪威利勒哈默尔冬奥会体育图标

1994 年第 17 届挪威利勒哈默尔冬奥会体育图标（图 3-23）从色彩上给人以耳目一新的视觉冲击，背景色采用玫红色调，与会徽的蓝色相对应。这届冬奥会体育图标的设计也如同这座城市一样，外表安静，但内里疯狂，图标设计源自挪威典型的岩石雕刻文化，凸显挪威人对大自然及其根源的依恋。尤其是在挪威北部的岛屿上发现的一个滑雪板上的人的形象被认为是世界上最古老的滑雪者插图，这也为冬奥会体育图标的设计带来了一丝灵感。具体图标的表达巧妙地融汇了对于复古回潮与抽象岩画的变形处理，图标设计的线条不拘一格，恢宏奔放，没有固定的流线与柔和线条，而是如同岩壁上用锐器勾勒出的划痕。人物图形与运动器具的比例也超脱现实，但却能直观表现出运动项目的差异。在运动人物与器材的表达上沿袭公元前 2500 年挪威源远流长的阿尔塔岩石绘画风格，用全新的现代理念重组和再现了原始部落的质朴艺术，让世界人民感知到两个时代艺术交融与碰撞的魅力。所以，这届冬奥会体育图标的设计极具象征性和典型性，相对于 1992 年第 16 届法国阿尔贝维尔冬奥会体育图标靓丽风景的设计，只能说有过之而无不及，又一次地冲击着冬奥视觉设计的审美视野。

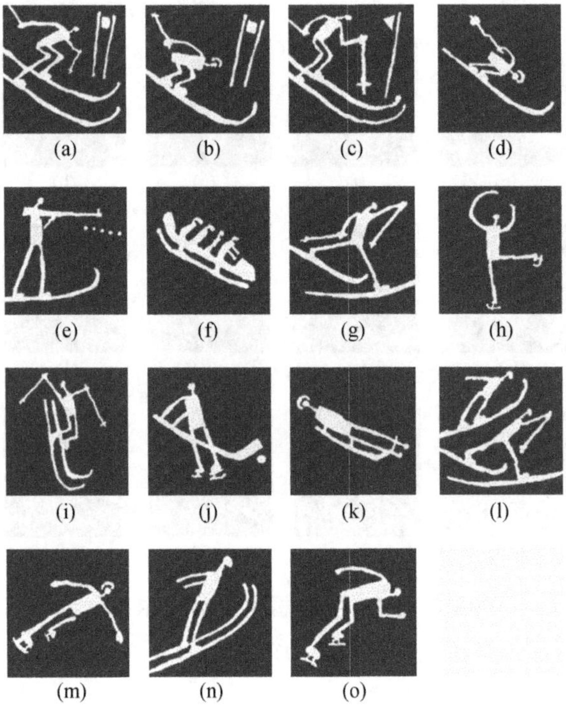

图 3-23　1994 年第 17 届挪威利勒哈默尔冬奥会体育图标

（设计机构：利勒哈默尔冬奥会组织委员会艺术部）

(八)1998 年第 18 届日本长野冬奥会体育图标

1998 年第 18 届日本长野冬奥会体育图标(图 3-24)是由当时奥组委通过比赛的形式展开征集的，最终选择了 Landor 设计的方案。设计本源来自同届冬奥会会徽的设计理念，其会徽是取名为“五彩的雪花”的六瓣雪莲花，突出冬奥会对环保节能的重视。其图案是要渲染参与的热情和画面的动感，在绘制手法上也模拟花瓣的曲线形成粗细相间、浑厚圆润的造型设计。在体育图标的设计中沿用这种写实手法，配合冷色背景，用花瓣代表运动员的身形姿态，用虚实结合、圆润流淌的线条展示运动项目的特点，凸显运动员竞技中超越生理极限的坚韧毅力和拼搏精神。值得一提的是，此届图标设计并不完全符合大型体育赛事中功能性图标设计的基本规范，原因在于体育图标的主要功能是便于运动员和观众对于各个项目的识别、导向与指引，而过于艺术化、抽象化的图标设计影响了识别者对于图标的判断，大大降低体育图标的识别性和划分性，导致当年国际奥委会对这届体育图标的设计并不十分认同，图标经过多次调整和修改才予以通过审核。

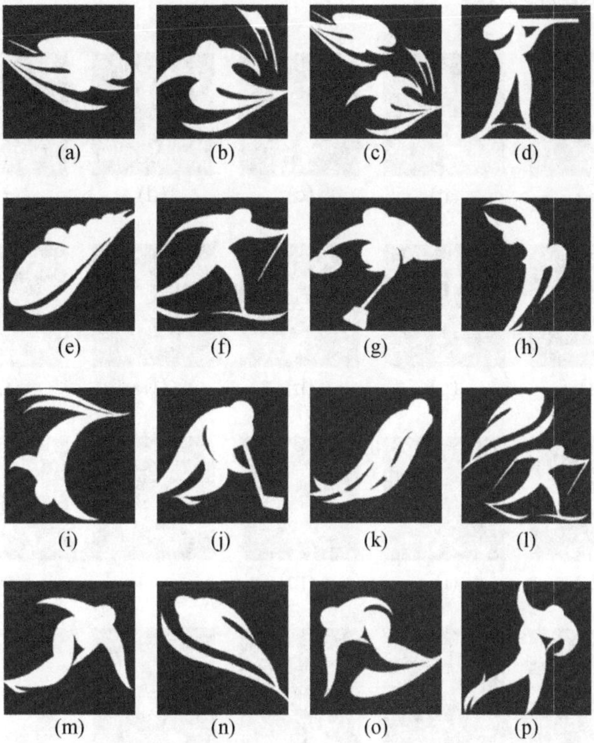

图 3-24　1998 年第 18 届日本长野冬奥会体育图标

（设计师：Landor）

（九）2002 年第 19 届美国盐湖城冬奥会体育图标

2002 年第 19 届美国盐湖城冬奥会体育图标（图 3-25）设计源自美国西部的传统文化，线条样式是采用西部牛仔烙印牛的烙铁形状设计。这套体育图标一改以往线条柔顺、圆滑的风格，启用 30 度的三角形作为人物形态绘制的主线图形样式，极大地突出了美国西部当地民族气质和冬奥会举办国的大国气质，同而不和的西方文化思潮贯穿始末，但图标设计延展度和表现力有所欠缺。在人物图形表现上，人物头部形态也相对一致，头部、尾部的线条准确形象地表现出运动时运动员脸部的方向和运动中的动感，身体多采用三角形状，手臂、肩部和双腿则用直线、折线来绘制，形态更具漫画色调，也更具时代感和坚韧感，既渲染竞技运动的铿锵意志，也营造出轻松活泼的氛围，以实现对下一代的召唤，让更多的青少年喜欢上冬季体育项目、参与到冬奥运动中来的蕴意呈现于内。所以，这届体育图标的设计逐渐摆脱世俗过于理性与符号程序化的僵硬模式，在阐释图标符号化、功能化的同时提升符号的人文、民族、气质的传达。

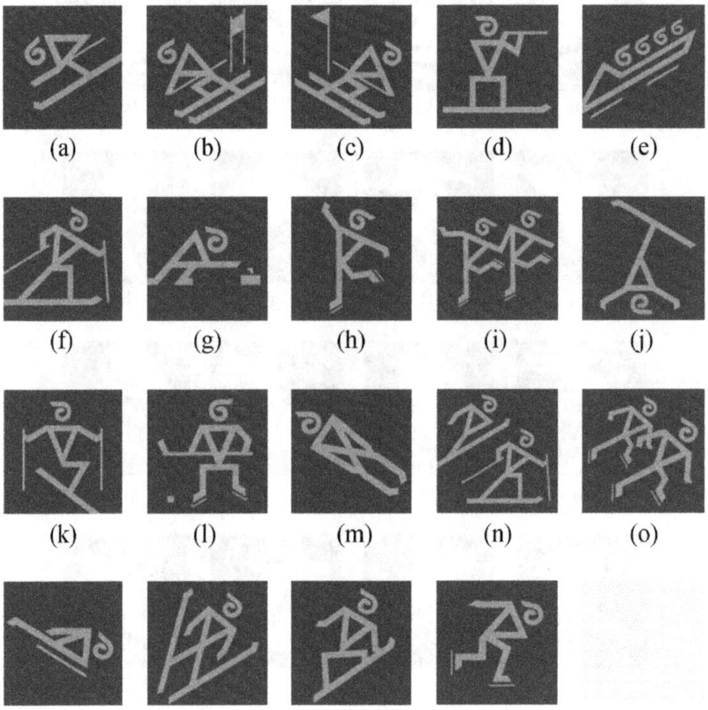
(a) (b) (c) (d) (e) (f) (g) (h) (i) (j) (k) (l) (m) (n) (o) (p) (q) (r) (s)

图 3-25　2002 年第 19 届美国盐湖城冬奥会体育图标

（设计机构：SLOC 创意集团）

（十）2006 年第 20 届意大利都灵冬奥会体育图标

2006 年第 20 届意大利都灵冬奥会体育图标（图 3-26）给人们带来了新一轮的视觉冲击，其设计首次采用写实风格来描绘人物形态，并通过虚实结合的光线效果展现出运动员头部、躯干、四肢及运动器材，采用透视、透明和对比色组合方式展示运动员形象，直观、生动地塑造出运动员的身体姿态和项目特征，让人们对原本以为体育图标就应该是简笔画、是线条的速写，或是漫画的图标特征产生了新的思维想象空间。这一届体育图标的绘制风格也引领了 2010 年第 21 届加拿大温哥华冬奥会体育图标的创作思路。

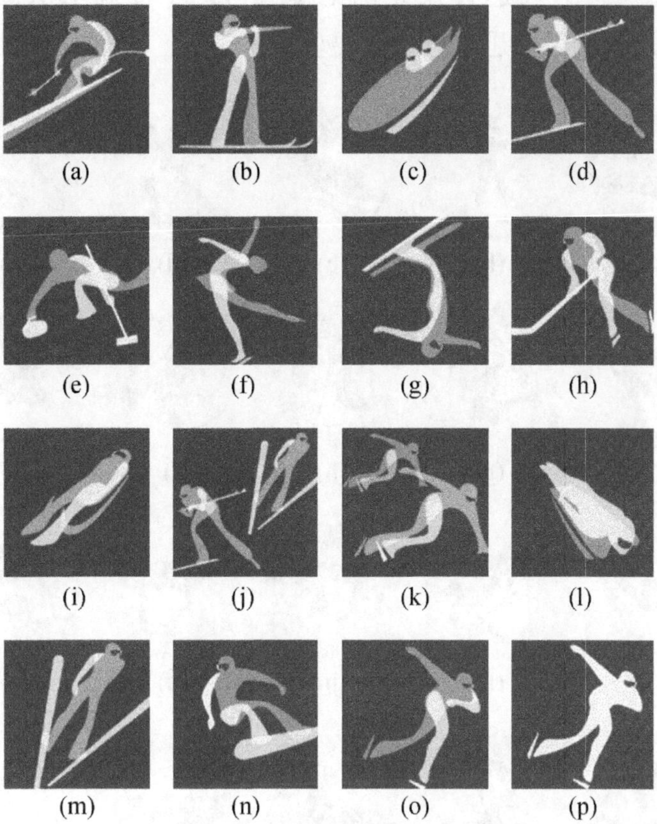

图 3-26　2006 年第 20 届意大利都灵冬奥会体育图标
（设计师：Iconologic）

（十一）2010 年第 21 届加拿大温哥华冬奥会体育图标

随着现代设计的发展和冬奥会赛事的蓬勃发展，冬奥会体育图标的设计已经超越了早期的抽象表达，而发生了由简洁到具体、由抽象到写实、由线条到影像的新时代视觉革命，这也预示着冬奥会体育图标的设计进入了一个崭新的时代。2010 年第 21 届加拿大温哥华冬奥会体育图标（图 3-27）是以 2006 年第 20 届意大利都灵冬奥会体育图标为设计雏形，运用全新的信息识别与思维延展来提升图标的呈现效果，尤其是在人物姿态、器材刻画上采用了一定的装饰性美感和色差、光线反衬的视觉融合效应。这种具体写实的人物塑造首次在本届冬奥会的体育图标中被淋漓尽致地表现出来，尤其是对运动员的身体比例和动作规范及在肌肉关节等细节刻画上都十分细致入微，并利用空间透视效果，展现出人、物、场地之间的关系，使视觉效果既有动感，又有空间立体感。这一表达方式让视觉符号得到了更高层次的升华，也对以后的体育图标设计提出了更高的创作要求。

图 3-27　2010 年第 21 届加拿大温哥华冬奥会体育图标

（设计机构/设计者：VANOC / JAC Design）

（十二）2014 年第 22 届俄罗斯索契冬奥会体育图标

2014 年第 22 届俄罗斯索契冬奥会体育图标（图 3-28）的设计灵感源于 1980 年第 22 届苏联莫斯科夏季奥运会的体育图标设计，并没有延续上两届冬奥会体育图标的设计风格，从而使世界的眼光再一次做出了新的调整和变化。本届冬奥会体育图标的符号延展性有较大的提高，虽然仍以单色调来表现人物形象，但运用了不同于此前的色彩规范体系——蓝色，以体现俄罗斯大国体育精神的特殊审美取向。这一全新且多变的色彩运用来自 Bosco 创作团队的“patchworkquilt”的视觉识别设计体系，色彩和线条的独特搭配突出了这一届冬奥会体育图标的特殊性、延展性与灵活性，使现代平面设计革新跃然纸上，也将俄罗斯的民族传统绘画风格和民族气质有机融合，彰显出俄罗斯人民对奥林匹克运动的向往和对世界人民的热情与好客，传递出本届冬奥会的“激情冰火属于你”的奥运口号精神。

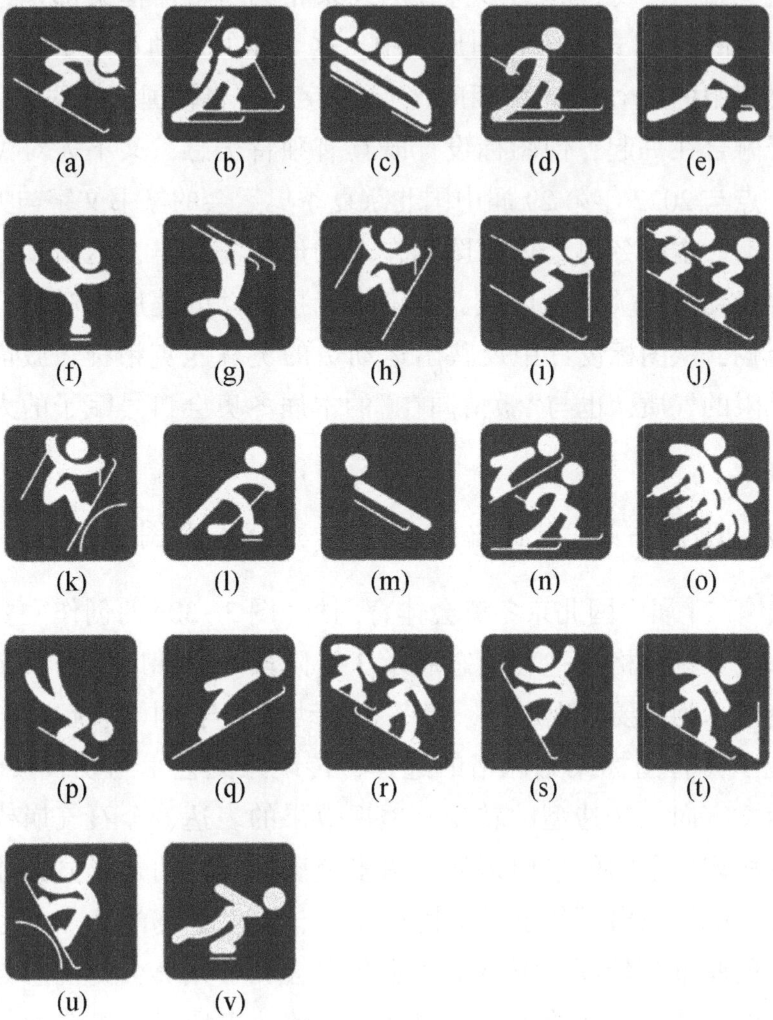

图 3-28　2014 年第 22 届俄罗斯索契冬奥会体育图标

（设计机构/设计师：2014 年第 22 届俄罗斯索契冬奥会和残奥会组织委员会/第三方代理商）

(十三)2018 年第 23 届韩国平昌冬奥会体育图标

2018 年第 23 届韩国平昌冬奥会体育图标(图 3-29)的设计集韩国和朝鲜的传统文化元素于一身，其图形符号的线条轮廓与整体框架都是选择韩文字母表，并以“镶嵌”方式融合到图形当中。这一届的运动员形象别具一格，选用韩文字母表中的 4 个辅音字母和 3 个元音字母，将韩国民族的文字元素与运动项目特征融合在一起，使图标设计既具有独特美感，又不失对民族文化的追崇，这一点与 2022 年第 29 届中国北京夏季奥运会的篆书文字与人物结合的方式如出一辙。本届冬奥会体育图标在人物形体姿态上，运用倾斜和弯曲的线条勾勒出运动员的关节与四肢，渲染出竞技运动的速度与激情，使图标整体简约且流畅，从图标设计中反映出运动员的奥林匹克精神、激情、挑战自我与潜力无限的气质，也与“激情同在”的本届冬奥会口号赋予的人文精神相吻合。

(十四)2022 年第 24 届中国北京冬奥会体育图标

2022 年第 24 届中国北京冬奥会体育图标(图 3-30)的创作主要经历了体育图形创作、篆刻风格表达和动态展示 3 个阶段。图标以中国汉字为灵感来源，以篆刻艺术为主要呈现形式，将冬季运动元素与中国传统文化巧妙结合。其设计实现了体育图标篆刻风格的选择、传统篆刻艺术与现代设计的融合、创作内容由文字向人物造型的转变、透视效果的表达、金石气崩残效果的合理运用及图标印面空间的竖向延伸等诸多突破。其目的是彰显方寸之间冬奥万千的意境，既展现出了冬季运动挑战自我、追求卓越的特点，也凝聚了中国传统文化的厚重与精深，彰显了北京冬奥会和冬残奥会的理念与愿景。这套体育图标的生动、准确的运动造型淋漓尽致地表现了冬奥会的各个体育项目，色彩搭配以霞光红为底色，寓意着日出东方，代表着热情和希望，既具有很强的功能性，又能传达奥运会的举办理念，是主办国文化的重要载体。

冬奥会是当前全世界范围内规模最大、范围最广、运动门类最丰富的冬季体育赛事活动，也是上百个国家的运动员与上万观众共同参与的大型国际性比赛活动。它不仅是运动赛事与生活的集合体，还拥有特殊的文化符号。在历史演变过程中，冬奥会体育图标设计构思彰显着时代特征，是奥运视觉系统中被重点开发的元素之一，其功能与价值也超越了语言与文字符号的局限定位。用图形解析体育项目特点，传载识别、导引功能，传播国家形象，都成为冬奥会体育图标不可估量的意义所在。通过对冬奥会单项体育图标的科普分析，并对往届冬奥会体育图标的设计意图与表现手法的解读，诠释冬奥会体育图标中承载的文化内涵和体育精神，这些成为在不同时代与视觉发展潮流中定位艺术与体育并进发展的轨迹。冬奥会为世界人民上演了冬季冰雪运动的竞技瞬间，更为世界多元文化提供了广阔的舞台，伴随着2022年第24届中国北京冬奥会体育图标的诞生，其创意再次成为世界视觉文化向前推进的风向标，也预示着冬奥会体育图标的未来发展方向。

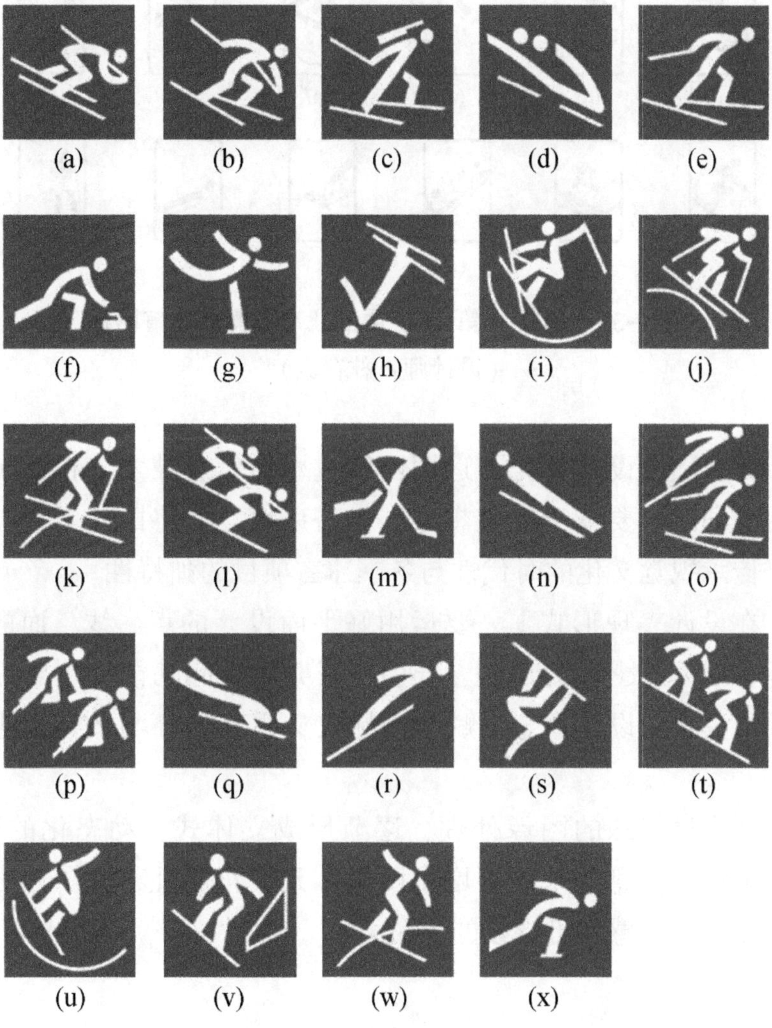

图 3-29　2018 年第 23 届韩国平昌冬奥会体育图标

（设计机构/设计师：2018 年第 23 届韩国平昌冬奥会和残奥会组织委员会/Younghoon Haam）

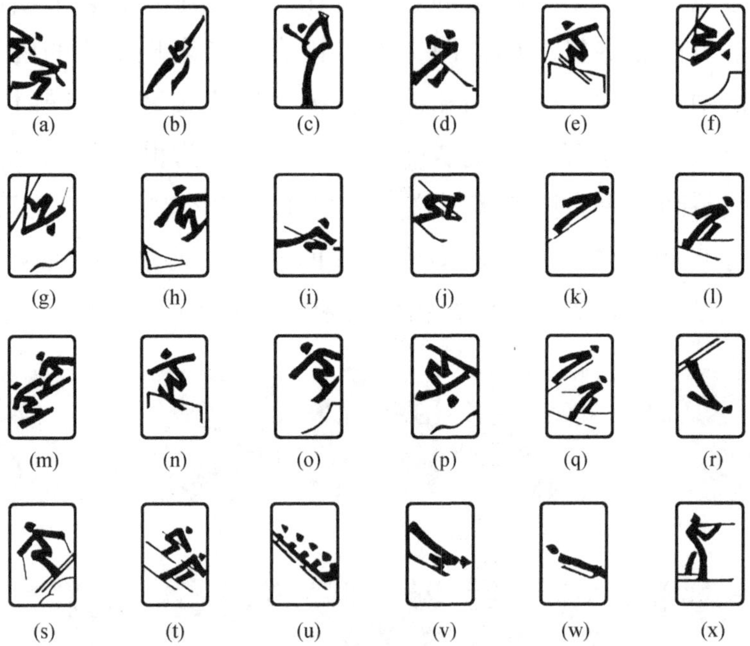

图 3-30　2022 年第 24 届中国北京冬奥会体育图标
（设计师：林存真）

首先，体育图标设计要充分运用网络技术与信息技术，在赋予体育图标鲜活生命力的同时，要善于突破想象与世俗束缚，要将民族文化与世界文化有机融合，传承视觉文化的时代性与冬季冰雪项目的独特性。

其次，在设计表现形式上，要运用好平面设计的点、线、面的基础，要简繁有序地实现体育图标的识别、导引、服务等实际功能，更要遵循理性与感性、抽象与具象的设计理念，赋予图标人文主义情怀与奥运精神，使其完美融合。

最后，要通过特殊的图像处理，逐渐形成立体式、动态化的图像展示，在能够传播冬奥会信息的基础上增添图标多元文化属性，赋予其更高的审美意蕴，使其更具时代感和可持续的生命力。

第四章　视觉图案与冬奥会会徽

人类创造了符号并使用符号，用符号去诠释世界，其核心是从形式到观念的贯通一体的蕴意结构。图像有外在的视觉形式和内在的隐蔽含义。冬奥会会徽主要由图形、文字构成，但却通过明暗、色调、构图、节奏、质感等绘制技法和技巧塑造出不同的图案。随着时间的推移和地域民族的变化，冬奥会会徽的图像设计不仅包括线条、外形、色彩、色调，还包括肌理、镂刻、浓淡相间，以及画面上的笔触铿劲与华彩等。总之，奥运会会徽视觉图像是从形式到意义上的整体，每一图形元素的组合与互动，都使图像产生了转化，并由图像转为意象，由意象蕴生象征，从而实现艺术的聚焦与升华。

冬奥会是奥运会的重要组成部分，其会徽也成为民族精神的标志和国家尊严的象征，更是塑造公民国家认同的重要载体。冬奥会会徽是体育、文化、艺术等人文精神融合在一起的符号载体，为国家认同建构提供了丰富的意义世界，为共同体的"想象"创设了崭新的蕴意结构。

第一节　冬奥会会徽的艺术阐释

一、冬奥会会徽的过往研究

会徽见证了奥运会的发展和繁荣，同时也体现了奥林匹克运动所蕴含的团结、和平、友谊、公正和坦诚的体育精神。笔者在文献研究中发现，从艺术、符号、文化、语态、设计、民族、政治、历史等视角分析冬奥会会徽的审美、内涵、价值、传播、象征等蕴意结构，可以将以往研究归纳总结为以下五个方面。

其一，从视觉语法视角上看，范超(2019)从视觉语法理论角度将2018年第23届韩国平昌冬奥会会徽图像中的图形元素分类并加以剖析，重构其构图意义、现实意义、互动意义，拓宽了冬奥会会徽研究的多模态话语研究范围，丰富了奥运会会徽的研究维度。

其二，从历史发展脉络来看，以时间为主线，将设计风格与呈现效果作为会徽发展脉络的划分标尺。董宇(2014)将历届冬奥会会徽设计按照历史发展历程分为初创期(1924—1936)、成形期(1948—1960)、发展期(1964—1988)、成熟期(1992—至今)。

其三，从艺术创意与文化视角来解读，王辉(2016)运用符号学理论探究冬奥会会徽的传播方式与学术价值，将符号与文化有机整合，拓宽了冬奥会会徽的研究范畴。

其四，从审美价值和社会功能视角来诠释，白铂(2013)借鉴美学视角揭示了冬奥会会徽的审美发展趋势，将色彩、线条等在构图设计上融合图案传达的民族象征和蕴意内涵，凝练了冬奥会会徽自身的审美价值和承载的社会传播功能。

其五，从象征人类学阐释其特征，郭建华(2019)由浅入深地描述出冬奥会会徽所承载的不同象征意义，即身体表达、社会结构、自然灵动、形象构建、文化魅力。

综上所述，国内文献对冬奥会会徽的研究视角还是很宽泛的，但研究视角还缺乏足够的论证和阐释，仅从文献的数量上(不足30篇)就能体现出来。但冬奥会会徽是冬奥会的“窗口”标记和徽章，是每届冬奥会内涵诠释的“结晶”，在体育、艺术、美学、文化等领域都有着广博的学术研究价值，也是扎根历史背景下奥运精神的“符号烙印”，更是时代共性下民族文化个性的宏博彰显。所以，对冬奥会会徽的学术研究应该更加深入，视角应该更加广博。

二、艺术界定与符号理论

(一)阿瑟·C. 丹托思想下冬奥会会徽的艺术界定

历届冬奥会会徽的设计都是独一无二的，这点同夏季奥运会会徽差别很大。正是如此，冬奥会会徽更具有艺术审美价值和解读意义。4年1届的冬奥会会徽的产生，使其在无形中蒙上了神秘的面纱并且有特定的艺术阈值。自冬奥会会徽诞生之日，其就被公认为一件“艺术品”，虽然大众对其创作的艺术手法、艺术背景、艺术色彩品头论足，但却不能否认其所享有的世界级“艺术作品”之衔。在这方面的讨论和思考中，阿瑟·C. 丹托(Arthur C Danto)的思想更能充分解释冬奥会会徽的艺术品鉴问题。

其一，丹托认为，在艺术领域，存在艺术深层识别的可能性，艺术识别与辨析要依据时代迁移、审美底蕴、风格流派、价值取向、政治背景等环境因素进行取舍，而这些需要创作者和观赏者在理念上相互契合才能完美呈现出来。“假设”冬奥会会徽是一件艺术品，那就要具备艺术作品的多元要素，如时代感、艺术性、象征性、审美价值等要素，更要经得起时代的推敲和历史的洗礼。丹托认为，不同时代的人，面对同样的艺术客体会感知出不一样的东西。以2018年第23届韩国平昌冬奥会会徽为例。会徽上可以看到类似“火柴棍”线条拼凑的图形，这引起了社会的质疑，有人认为其不具备美感从而拒绝承认其艺术价值。对此类问题，丹托给出的答案是：艺术品与寻常世界中的副本的区别，并不在于物理属性，而在于它们各自所处的关系。艺术的发展历史也证明，各种美学拯救的叙事使我们确信，迟早我们会把一切艺术看成美的，无论它最初看起来有多么丑。因为，任何一届冬奥会会徽都具有艺术性，会成为后人眼中“难以驾驭的前卫艺术”。

其二，艺术品的隐喻结构给冬奥会会徽赋予了“技巧性省略”的解释填充。既然冬奥会会徽是一件不可否认的艺术作品，那么在它被识别之后，就要伴随着艺术理论解释的填充，从而提升其艺术地位。正是艺术品的隐喻结构，使得冬奥会会徽具有一种隐秘的艺术和文化底蕴。冬奥会会徽的创作主体如果没有任何标题和传播，单纯去欣赏它的结构、形状、色彩，我们可能无法区别它是哪一届赛事的标识符号，更不可能因为一件没有“身份特征”的作品将其称为艺术品。一旦我们被告知其存在属性和价值，这种“技巧性省略”或“观众参与填补省略”的隐喻结构，就会被赋予艺术解释，而这种艺术解释是在特定的历史背景和社会需求下被当作艺术品来进行解读的。

(二)罗兰·巴特的符号学理论下冬奥会会徽的功能诠释

罗兰·巴特(Roland Barthes)作为结构主义运动代表人物之一，他在吸收、继承索绪尔能指和所指的理论基础上，提出了意指概念，强调符号包含信息且具有引申意义的特定事物属性。他在客观上承认能指是表达事物的一个中介媒质，而所指是这个中介媒质的一个意义再现，但因符号学的任意性，要想真正地完成转化过程，意指则发挥了重要作用。他认为要想确定语义的内容，必须通过意义与价值的双重约定才能实现。冬奥会会徽作为客观事物的一级符号，要实现媒介事件中国家认同的映射机制，必然要经历媒介符号的编码，编码的过程显然是受到语境制约的过程，而这个过程正是巴特提出的意指过程。冬奥会会徽作为媒介事件中的符号客体，其既不是形式也不是内容，而是从形式到内容的转变过程，才被赋予了丰富的内涵和功能。意图应用视觉符号冬奥会会徽的所指功能，揭示出国家公民认同机制构建的文化阐释。冬奥会会徽作为人类世界的创造物并长期存在，必然会被人类加以揭示、阐述、重组，并生成意义，所以，要运用符号学理论视角来认识和反思冬奥会会徽的图像价值，才能把握图像与人类社会的内在联系。从结构主义理论出发，国家形象成为一种话语建构，是本国自我话语描述与他国描述相互博弈造成的结果。在建构国家形象的过程中，国家公民作为受众者对会徽所产生的心理结构和意指呼应，必然会形成主观情感，从而更深层地挖掘出符号文化的属性。

当然，巴特还认为视觉图像的意义存在不稳定性，因为符号解读是多重性的，取决于受众者自身的识别能力。而图像符号中的文字被称为“锚”(或锚定)，具备两种功能：功能一，配文具有界定视觉意义的功能，为此要明确图片内容，划分琐碎符号，定位受众观看的经验范围；功能二，配文意在“优先解读”，这会帮助受众完成对图片意义的理解，其作用在于引导受众者按照作者设计思想进行视觉认知。冬奥会会徽存在图形配文，其锚定功能也较为明显——界定奥运赛事图标，且定义年代和国别，起到了限制受众者经验范围和去除琐碎符号认知的作用，同时，也引导受众者优先解读其“五环”符号识别的深层含义，融入文化、时代、开放、科技等不同发展视野来审视这枚会徽的文化底蕴。

第二节　图案类型与冬奥会会徽

冬奥会会徽，其图案设计的范畴主要包含两方面内容：其一，会徽图案充分阐释古今奥运会历史意义上的装饰含义，在其历史时空中表现出具有持久生命力的审美文化的深刻意义；其二，会徽图案成为现代国际设计领域不可或缺的设计对象，图案本身有着科学美学的造型规律可循。宏观上，把历届冬奥会会徽图案放在历史的维度上考察可以看清其冬奥文化遗产的价值；微观上，将其放在现代设计美学研究立场上，可以充分解释人类生活的审美趣味和审美欣赏的基本方向问题。将 24 届冬奥会对外公布的会徽作为研究对象，从图像符号学这一独特的视角切入，可以将历届冬奥会会徽图案分为 4

种类型，即几何图案类型、具象图案类型、融汇装饰图案类型、现代创意图案类型。

一、几何图案类型与冬奥会会徽

(一)几何图案的由来

几何图案具有强烈的识别性和象征性，因而成为早期人类用以传达思想和语言的识别符号。远古时代的人类，总喜欢将几何图案按照一定的组合方式搭配起来使用，用以传达头脑里模糊的语言意义，直至今日在考古瓷器上所发现的几何图案仍然让人感到极具神秘的色彩。在原始石器时代的器皿和动物尸骨中记载的图形发现，许多以几何形态做装饰的图案中可以了解到先人所用的那些纯粹的几何图案是源于大自然现象的启示与影响。如图 4-1 所示，原始人用于记载和描绘当时生活场景的图案画面中，狩猎活动多以几何图案与客观自然环境对应。在符号语言表达过程中，用自然界的物象图形使自己和同族能够读懂“太阳、石头、男人和所要狩猎的动物”。为此，原始人运用抽象的几何图案塑造客观世界在自己脑海里的“自然形态”，这种原始岩画，不能用现代审美标准去评价其图形符号的价值，但对于后人而言，这种服从自然、服务自然、记载时代的不规则或模糊或抽象的几何图案，却成为现代人揭示过去和地球记忆的最有意义的艺术审美作品。

图 4-1　中国南部地区的原始岩画

毫无疑问，用几何图案作为装饰因素是人类通过生存和生产实践得出的最宝贵经验，而这些经验都是在不断总结和发现中成了一种符号记载的工具图形，在某种程度上一定存在着偶发性。人类不断对原始人类留下来的岩画、陶瓷花纹、石器工具等图案的研究中发现，原始人类通过客观事物对人感官作用后进入大脑，并叠加其经验沉淀出心理表象，才形成了我们所看到的几何图案。这种图案的创造性无疑是在自然的启示下形成并发展得来的最有价值的精神符号。从原始时期的几何图案组合延伸到人类艺术史对于几何图案的使用，犹如一根神奇的藤蔓，既散发着原始部落的气息，也生息着经历了阳光、雨露的现代艺术结晶。论形式，原始的几何图案没有结构和审美的蕴意，但论精神，却充斥着简约、淳朴和神秘。在遥远的过去几何图案无法像今天这样富有体系和包罗万象，但它的存在，却成为现代人类认识几何图案奥秘且增加艺术性的深层力量。

（二）几何图案的审美性质

几何图案相比其他图案类型具有强烈的个性特征，揭示和掌握几何图案独特的审美性质可以为创作提供更加便捷的渠道。谈及几何图案的审美性质，涉及以下几点。

首先，从设计观念上有其鲜明的象征意味。从原始社会到现代流派，几何图案的事物都在不断地被人类重复应用，如太阳、月亮、星星、山水、河流等自然元素，许多间接的、人为的，乃至脑海深处的影子也在视觉交流或行为意识中被展现出来，原因就在于几何图案的审美性质的简约、直观、古朴的个性成为被人类广泛运用的联想诱因。在视觉符号与艺术语言表达过程中，几何图案所具有的“价值”和“效果”的潜力是被人类用于抽象化、象征化的艺术性媒介物。图 4-2 是野老朝雄为 2020 年第 32 届日本东京夏季奥运会设计的宣传海报，海报中原有的奥运会会徽被几何图案直观再现，以点、线、面的立体形态呈现在平面设计中。几何图案的这种设计在一定程度上使单体（即单个造型）的生命力爆发

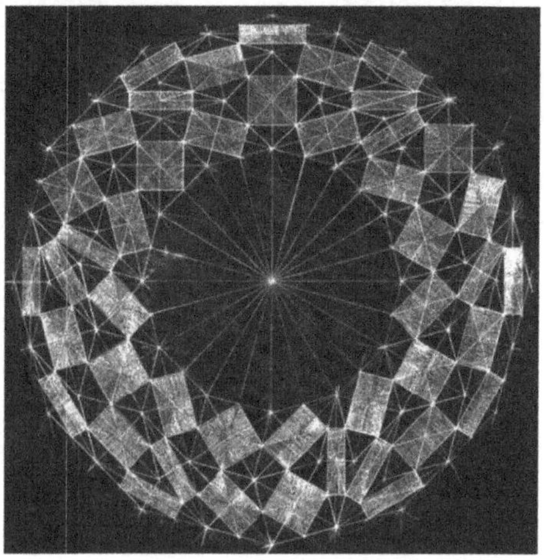

图 4-2　野老朝雄为 2020 年第 32 届日本东京夏季奥运会设计的宣传海报

出无限丰富的象征力量。

其次，几何图案的审美性质随着它在有序的结构中展现出趋于完美的表现形式，这种表现更加符合抽象结构下的形式美原理。而这一点，早在古代的彩陶装饰上就已经被应用得淋漓尽致。伴随现代几何图案的发展，它的应用范畴已经被人们所熟知和掌握，并作为独特且惯用的设计元素放射出自己耀眼的光芒。在人们的日常生活中，几何图案可以对有形的自然界进行间接抽象的描绘。从单一的圆形、方形、角、菱形到无数组合和搭配的几何组，使几何图案从最开始的简洁抽象到后来的罗布图腾，自然界所有包罗万象的生物、动物、自然现象，甚至浩瀚宇宙都会在几何图案的塑造下变得生动、深入。如2012 年第 30 届英国伦敦夏季奥运会的会徽(图 4-3)，多组几何图案所形成的数字“2012”，给人以无尽的遐想，耐人寻味。类似这种组合后的几何图案，在固有的结构体系中形成了新的蕴意，形成另外一种视觉效果，产生更为强大的情感冲击。它给予人类的不仅仅是一种图案的排列，更是一种艺术的再创造和精神的享受。

图 4-3　2012 年第 30 届英国伦敦夏季奥运会宣传海报中几何图案的运用

最后，几何图案的审美性质是心理的投射。图案原本就是人类表达潜意识的工具，在远古时代用图案进行思想信息的交流根深蒂固，儿童也会用图案来表达内心对外界世界的感知和感受。在日常生活中，抽象的几何图案随处可见，如广告设计、家具设计、服装设计、珠宝设计及建筑设计等。为什么这些简单的基本几何图案出现的频率如此之高？为什么这些简单的几何图案能够在当今设计世界变化千万并给人们带来不同的感受？现实生活给了我们一个重要的依据，那就是人类的视觉心理。人们在绘画过程中，都会不自觉地用一些自然的几何图案去贯穿自己的联想、记忆和某些思维片段，我们也许不会探究那些是什么，但是会把这些情绪、体验用线条和色彩来代替这种心理感知，也是对所想所感进行的一次又一次的心理复写。通常我们会把这种通过图案来表达人的意愿过程叫作心理学的投射技术，它能反映人们内在的、潜意识层面的信息。几何图案也不例外，因为所有图画的绘制都少不了几何图案的参与，在心理投射阶段，很多杂乱无章的几何图案就会在人类不经意思考时迸发出来，很自然地流露出自己内心的想法、追求与希望。在奥运视觉系统中，几何图案被大量地应用于会徽、图标、宣传画、邮票、门票等多个领域，但对于这些功能性、识别性、纪念性、传播性极强的艺术作品，几何图案更多的是承载文化、情感、记忆，也是对东道主国家形象建构和民族文化的彰显，更是世界人类对于奥林匹克精神的一种心理寄托和夙愿。

(三)几何图案与冬奥会会徽设计

在冬奥会会徽的设计过程中，几何图案具有超越客观的精神符号特性，足以成为一个极富魅力的“独立体”。从表象上看，几何图案以其规整的本原形态和独特的视觉形式与外界客观的许多事物拉开了距离，使受众者得到了原始自然的视觉启示。几何图案主要以抽象的点、线、面等视觉元素的构成规律来呈现它的审美特质，就如同音乐中的7个基本音符可以谱成许多动听的乐曲。

1. 神秘的点

点，在造型艺术领域的运用非常有趣，它既不同于几何学上非物质存在意义上的点，又不同于其他书写中作为词语过度意义上的点。可以说，点在绘画世界里始终作为独立存在的视觉元素。从外观形态上看，点可谓最小的基本形态，但作为现实形态，它的表现形式无限丰富。点的界限无法设定，点的世界更是没有境界的。这也使得“点”成为现代奥运图形设计中不可缺席的视觉设计元素。

在冬奥会视觉系统中，点的大小和形态都具有不确定性。在历届冬奥会会徽的设计中，对于点的应用非常少，仅有1994年第17届挪威利勒哈默尔冬奥会和2006年第20届意大利都灵冬奥会以间接面与线的形式附加点的应用(图4-4、图4-5)。但需要强调的是，为了不混淆点与面、点与线及点与形状之间的共同点，我们不把1968年第10届法国格勒诺布尔冬奥会会徽中的圆点、1984年第14届南斯拉夫萨拉热窝冬奥会会徽中的方点、1988第15届加拿大卡尔加里冬奥会会徽中的竖点及2014年第22届俄罗斯索契冬奥会会徽中的方形点一并进行论述，因为以上这4届冬奥会会徽中的类似圆、线、形并不能作为一届冬奥会会徽的主要视觉元素，而且还存在着多重身份和意义。在1994年第17届挪威利勒哈默尔冬奥会会徽中，点的应用是以非常细小、杂乱和自由自在的形式存在的，这种不确定的点，呈现了各种不同的审美效果，以至于我们可以把这些形状各异的点作为设计意图中的“点造型”看待，进行审视和解读。这些点似飞扬的雪花，似热情洋溢的人潮，似翱翔于天际的和平鸽，与会徽的主图案融为一体，看似杂乱却不失造型之美，看似飞扬，却带着人类对奥运的激情。所以，这些点的存在成就了会徽设计史上最为引人入胜的“点”设计。2006 年第 20 届意大利都灵冬奥会会徽，主图案是由安托内利尖塔(Mole Antonelliana)幻化为冰和雪组成的山峰的造型，可以从镂空设计中看出一张紧密编制的网，其象征着世界人民团结、和睦的永恒主题。在“网架”镂空设计中，白色圆点浮于平面设计之上，通过点的规则排列与点的大小和形态，使我们可以用想象填充造型的姿态，感受到会徽二维设计中的三维立体造型，这也是第 17 届、18 届冬奥会会徽之后，再一次实现突破空间局限，塑造立体效果的一届尝试了。这种会徽设计所隐含的普遍性寓意与奥林匹克运动的价值达到了完美的统一。

图 4-4　1994 年第 17 届挪威利勒哈默尔冬奥会会徽

图 4-5　2006 年第 20 届意大利都灵冬奥会会徽

2. 理性的线

线，是点的运动的轨迹，也是物体抽象化表现的有力手段。在自然世界里凡有方向性延伸的物体，大都可以理解成为线。如流淌的河流、蜿蜒的公路、高耸的烟囱、丛林中的树藤，这些自然现象、人造物象、植物或动作都给人以视觉上的线性感、流动感和方向感。在几何图案中用线造型，可产生特殊的审美效果。在艺术作品中，艺术家习惯用线勾勒真实物体的轮廓。线条有长短之分、粗细之分、规则与不规则之分等。线也有形状差异，如直线、曲线等。通常在使用线的时候要考虑线的形态、形状，因为不同的线会给人以不同的视觉感受。譬如水平线有安宁、静谧之感；垂直线有庄重、上升、挺拔之感；而斜线则有“蓄势”和“待发”的双重效应，更多的斜线会给人以运动、速度、不稳定感。再如长线有宽度和深度之感，短线有近处和破碎之感；粗线有力、强壮，细线宁静、细腻，粗细线组合也会产生远近的空间感觉；规则的线，整齐划一，不规则的线活泼、优美；等等。

历届冬奥会会徽中线的应用所占比例较大，1936 年第 4 届德国加米施-帕滕基兴冬奥会会徽中就开始使用线条，其中用到水平线作为背景，双曲线描述赛道场地。这届冬奥会没有选用彩色绘制会徽图案，而是采用黑、白、灰 3 种冷色调设计。这种色彩搭配也在第 5 届、第 6 届、第 16 届冬奥会中被应用，而且这 3 届冬奥会也采用了规则的放射线和平行线作为图案背景。以上 4 届冬奥会对于线的使用，一方面是突出图案前、后的空间感觉，另一方面可以起到强调和重点突出的作用，赋予会徽丰富的表现力。此后，1980 年第 13 届美国普莱西德湖冬奥会的会徽设计对线的应用更为突出。此届冬奥会把粗线作为会徽图案的主要元素，会徽右侧以肩章样式象征奥林匹斯山脉，左侧是爱奥尼亚式的石柱，石柱与肩章折线连接形成 3 条不规则的线条，并以黑、白、红色作为映衬，使人想起现代奥运会的发源地雅典(图 4-6)。以线条作为主图案元素的还有 1994 年第 17 届挪威利勒哈默尔冬奥会会徽，其粗细线条、相连与断开、规则与不规则的排列极丰富地展现了线条设计的巧妙。线条的优雅、丰富的美感赋予到作品中并产生深刻意义。

图 4-6　1980 年第 13 届美国普莱西德湖冬奥会会徽

对于线的应用，最为震撼的应该是第23届和第24届冬奥会会徽，这两届冬奥会对于图案造型的主要设计手法就是线条的使用。第23届冬奥会会徽(图4-7)和第24届冬奥会会徽(图4-8)有一个共同点，即以线来展示各自民族的文字、文化。文字是人类用以传达思想和感情的最早、最简便的抽象符号之一，设计中的图案文字更是曲直相生、缜密有致、均衡有序而又别具匠心，充分体现出抽象奇特的几何美。第23届冬奥会会徽是用长短不一的直线绘制了韩文“平昌”两字的子音，并以雪花和冰凌的象形图案作为会徽主元素。第24届冬奥会会徽更是发扬了中国书法高逸、幽雅和妙趣横生的魅力，将线条与色彩配合，撰写出中国文字“冬”，同时也将线条进行上、中、下三层造型结构，上半部分展现滑冰运动员的姿态，下半部分展现滑雪运动员的姿态，中间部分以舞动的流畅线条代表中国喜庆的春节彩带。第23届和第24届这两届冬奥会会徽中的线条对于本民族传统文字的追崇，对于东方国家古老而神秘的文化传播表现得惟妙惟肖，象征意蕴深厚。

图4-7 2018年第23届韩国平昌冬奥会会徽

图4-8 2022年第24届中国北京冬奥会会徽

3. 多元的面

面，被称为摸索不透的造型要素。面有几何形、有机形、偶然形等。几何形是通过制图工具绘制的方形、圆形、三角形、菱形等。有机形是徒手绘制的面形，具有不规则性，是较为自然的形状，不同外形的物体以面的形式出现后，给人以更为生动、厚实的视觉效果。冬奥会会徽中几何形和有机形的面居多，因为会徽制作毕竟要承载一定的实际内涵，也要具备视觉标识的基本属性，过于随机和偶然得到的图形难以控制与二次定义。偶然形是无意识或有意识地在偶然间得到的面形，无意识的偶然形是不经意间得到的，有意识的偶然形是运用特殊处理手法形成的。另外，面的划分还存在两大类：一是实面，二是虚面。实面是指有明确形状的能够实际看到的；虚面是指不真实存在但能被我们感知到的，通常由点、线密集形成，或是由冷色或弱光呈现出来。

冬奥会会徽原本就属于平面设计范畴，必然所有会徽均属于面的应用，之前提到有的由点、线作为背景图案，有的由线条书写的文字作为背景图案，这些都一并可以定义为面的属性。冬奥会会徽设计作品中，面本身的表现力使之趋于复杂、变幻和抽象，从而会徽中的面也形成诸多的形态。

其一是组合的面，如图 4-9 所示，1960 年第 8 届美国斯阔谷冬奥会会徽将面形态做出大小变化和疏密有致的一种平面结构下的面群体，体现出面的单纯性和有机性，使图案呈现简洁、明了的美。

其二是体化的面，如图 4-10 所示，1952 年第 6 届挪威奥斯陆冬奥会会徽的图案中，面与面在结构中向立体和空间状态转化，使转化后的面充实、有力，且富有分量感。

图 4-9　1960 年第 8 届美国斯阔谷冬奥会会徽

图 4-10　1952 年第 6 届挪威奥斯陆冬奥会会徽

其三是隐视的面，如图 4-11 所示，1998 年第 18 届日本长野冬奥会会徽在“五色的雪花”设计中，将雪莲花瓣配置阴影效果，把阴影面形态置于不直接感到和触摸的地位，这种处于隐视状态下的面具有含蓄、幽密而带有诗意的美。

其四是进深的面，如图 4-12 所示，2002 年第 19 届美国盐湖城冬奥会会徽的主图案打破了孤立存在地进行群构的整体视觉感，向着纵深且深入发展的面的组合形式，这种进深的面把美的焦点集中在几何图案的中心位置。

图 4-11　1998 年第 18 届日本长野冬奥会会徽

图 4-12　2002 年第 19 届美国盐湖城冬奥会会徽

其五是虚拟的面，这就是之前提到的由点、线要素做出面感，从而达到虚幻、朦胧美的一种面化处理效果。

其六是扭曲的面，如 2006 年第 20 届意大利都灵冬奥会会徽，将面形态做二维和三维感的任意扭曲，注重空间设计意识，其面的抽象性和奇趣美尤为突出。

二、具象图案类型与冬奥会会徽

(一)具象图案的审美特性

具象图案类型是整个图案体系中最具有形象性的重要链条，也是整个图案语言系统中最能依照客观对象进行表述的视觉类型。具象图案的设计与几何图案相比，更加注重个体“形象”的完美表现，即使在突出抽象手法的前提下也是如此，这对于全面掌控图案体系的基本能力，以及从多种视角分析、解读、比较图案语言的表现特征具有现实的指导意义。具象图案在文艺创作过程中，是活跃在艺术家头脑中的基本形象，是艺术家在多次接触、多次感知、多次萌发的既丰富多彩又高度塑造的感官印象，是艺术家的情感烙印。在进行冬奥会会徽研制过程中，设计师要针对具体的物象进行描绘，也要根据主办国家的民族需要、人民意愿、情感体验和思想观念来综合取舍多元表象而绘制或设计最终呈现到会徽中的具象图形。

具象图案的审美特性通常分为两种：一种是趋于表现性的具象形态；另一种是再现性的具象形态。前者借助抽象手法后融进意向性表现，从而使图案贴近自然与情感交融的意境；后者则是将客观对象的美感作为突破口，再将实际需求进行理性放大，使图案作品在逼真图形的显示下让观赏者感受别样精妙与抽象的美。具象图案的表现特色与印象主义绘制作品所蕴含的表现性美感都具有打动人类心灵的内在力量。具象图案的表现语言更多地寄托于图案的造型设计之中，因此，其审美表现在很大程度上要通过图案造型才能实际展现出来。据此，我们可以理解为具象图案具有以下 3 种表现张力。

其一，具象图案的表现更富有诗意的美，可以将客观真实的一面像诗一样超越自然而最终诉诸人的心灵。

其二，具象图案更善于以抽象的手法架接一座通往理想美的桥梁。因为它不但可以模仿自然或客观事物，还可以通过渗透抽象的处理方式，使得那些可视的具象形态在规律切割中显示出艺术性的美。

其三，具象图案犹如中国书法艺术的行草那样富有情趣。它能做到对于客观事物的改良与创新，从而使图案更具韵味和深意。

以上所述的 3 种具象图案的表现性特色明确地为具象图案这一类型拓宽了空间，也为后来艺术创作创新提供了更多的表现方式。

趋于表现性的具象形态设计思路主要体现在 20 世纪 80 年代后的冬奥会会徽图案中。1988 年第 5 届加拿大卡尔加里冬奥会会徽最显著的是民族风格的雪花和枫叶图形，加拿大和卡尔加里的第一个字母是“C”，其雪花和枫叶就是由大小、形态不同的“C”字母组成，表达了加拿大人民对冬奥会的强烈渴望。1998 年第 18 届日本长野冬奥会会徽由富有动感的运动员形象与雪花图案混合组成，象征着冰雪项目的角逐，其整体想象如一朵雪莲，突出环保理念。图案取名为“五彩的雪花”，传播全世界人民通过体育竞争达到相互了解、增进团结友谊的共同目的。

具象图案的再现性，是对客观事物予以“逼真化”的描述。而“描述”的真正意图是将原本参照对比的客观事物，通过真实改良、贯穿设计和艺术渲染，使其呈现艺术设计师的主观意识。这种再现的手法在历届奥运会视觉语言表达中屡见不鲜，在会徽设计中也是极为常见且典型的。这种具象图案的再现，构成了人们在欣赏奥运会会徽图案形态过程中产生的内在力量，就如同依附在图案本身且可直接触及一样存在。事实证明，具象图案的逼真再现是今天艺术设计领域追求审美风格的又一潮流和取向，因为新时代观众更需要各种不同的欣赏对象才能满足视觉艺术的心理需求，任何视觉元素所组成的具象图案都是借助艺术的创造精神所致，进而极大地满足人们对艺术表现力的好奇心。趋于再现性的具象形态主要应用于冬奥会会徽的早期设计，在第1、第2、第3、第4、第7届冬奥会会徽中呈现出具象图案设计手法，在形式上整体要求与构思层次保持一致，主要运用黑白亮度、色调搭配、轮廓临摹的艺术创作形式来再现自然、人物、器皿的形态、色彩、空间等要素。在冬奥会会徽设计中该手法主要呈现出雪山、雪道、国旗、运动员形象等核心要素。

(二)具象图案与冬奥会会徽

在冬奥会会徽设计过程中，具象图案的写实手法从第1~4届冬奥会会徽中就被全面采用，也最为符合具象图案的审美特性。此后的20届冬奥会会徽也在特定艺术设计视域下展现了具象图案的设计精髓。纵观24届冬奥会会徽，具象图案分别呈现出3种基本形态：具象图案并非被动地对物写生；具象图案追求变形与变异之美；具象图案是点、线、面的“综合体”。

1. 具象图案并非被动地对物写生

逼真再现方式隶属于具象图案范畴之内，但对于客观事物的具体写实并非具象图案最终追求的艺术效果。从这个视角来看，1924年第1届法国夏慕尼冬奥会会徽的图案主元素是浮于平面前景的振翅雄鹰，鹰爪下抓的是用彩带缠绕的一束橄榄枝，鹰的俯视背景是跌宕起伏的阿尔卑斯山脉及5位在赛道上的雪橇运动员。这届会徽设计采用了具象图案的写实特点。会徽中再现雄鹰振臂高飞的逼真画面，又衬托出冬奥会赛场的紧张气氛。这种逼真感固然是一种美，但设计者并非仅仅追求逼真描绘所带来的直观画面效果，而是为了追求画面逼真精美的同时，映衬出自然景观、人物、动物的空间特效，以及各元素间的色彩与轮廓大小等系列要素的和谐相配，从而取得更加完美的效果。

2. 具象图案追求变形与变异之美

变形与变异之美的根源必须在艺术审美中才能找到。对于具象图案的变形、结构的变奏、色彩的变调等均属于艺术设计的变异范畴。所以，在冬奥会会徽设计中，这种变异手法或多或少地都隐含在每个图形元素当中，但有些图形的变异并非属于具象图案的变异。具象图案的变异通常符合两个规律：其一是图案变异置于具象形态之上，也就是说变异的最终效果是实现了对物象的变形处理；其二是图案变异后超出了现实艺术范畴，并对作品主题和主调起到了烘托与渲染的和谐特效。在冬奥会会徽中，山脉具象图案的变异呈现的次数最多，在 24 届冬奥会会徽中共有 5 届是将山脉作为具象图案呈现出来的，分别是第 1、第 2、第 3、第 4、第 7 届。在这里我们抛开以几何图案呈现的山脉图案，重点审视具象图案的山脉图案的变异之美。也许在世人看来，会徽图案中的山脉是用写实的手法勾勒出每个举办国家所处地理位置的山脉形象，是一种直观、细腻的表现手法，但其实这是艺术作品的变异创造，因为任何一座山脉都无法用简易的笔法塑造出其雄伟和总体轮廓，必须经过再加工、再变形的过程来获得超脱图案的审美效果。在会徽固定且篇幅狭小的设计空间里，山脉要想承载山的高大、山的特征、山的陡峭必须要通过变异或变形的方式，凝练所有山脉特征、地理位置、观看角度等要素，从而实现会徽所要表达的图案符号所指目的。这是一种美学原则，也是一种思想方法，它能够为具象图案的造型添姿增色，能够把客观中没有艺术效应的种种不利因素驱除出去，从而保留作品的最高品位和良好的艺术美感。

3. 具象图案是点、线、面的“综合体”

具象图案中的综合表现是对观念上的“点、线、面”这 3 种最重要的也是最基本的视觉构成要素而言的。之前在几何图案中分别提到的点、线、面都是单一化地阐释其设计原理、用途和效果，但对于点、线、面所形成的图案整体才是会徽呈现图案本身外在和内在要义的集合。因为点、线、面的综合设计可以摆脱自己所处的孤立状态，通过各种点、线、面的视觉元素综合性地将具象图案的造型效果发挥出更有创造性的审美作用。譬如，1994 年第 17 届挪威利勒哈默尔冬奥会会徽，就是充分诠释点、线、面综合表现最佳的一届会徽图案，其中包含了点的映衬、线的突出和面的陪衬，使其更丰富地让图案呈现出一种优于单项要素在孤立状态下所产生的美感。2010 年第 21 届加拿大温哥华冬奥会会徽，以点、线、面图形全部占据图案主体，并配合色彩对比、形态变异、表现手法等处理方法在综合设计思路指导下获得独特魅力。如果单独去审视会徽 5 个独立元素的形态或色彩，其本身并不存在美与不美，因为单独情形下的完美个体一旦进入整体综合行列，要素之间各自固有的美感就会随着整体的审美要求而受到排斥。此届冬奥会的图案整体是温哥华土著民族的石人路标造型，其来源也是加拿大北部地区土著民族因纽特人的巨型石刻，这些被雕刻叠放的巨石常被用作路标和纪念物。图案中看似形态各异的点(头部)、线(肩部)、面(躯干和腿部)图形元素都是孤立存在的个体，但以综合的审美观点看待它，它却在整体中显得非常适宜，让人觉得它只有在会徽这一功能标识中展现出最美的组合，而这一点完全符合具象图案设计中点、线、面综合表现的美感特点。

三、融汇装饰图案类型与冬奥会会徽

(一)装饰图案概念界定

装饰图案类型的概念极为宽泛，可以说几何图案、具象图案及创意图案均与其相关，因为毕竟任何一种图案的设计都具有独立存在和组合建构的细微关联。在研究装饰图案设计的关联中，我们应当重点关注装饰图案的创作方法和规律，并要认真研究“纹饰”在这一具体且定性装饰主要艺术现象的解析对象。通常在人们认知里，装饰图案仅仅是作为主图案的映衬图形而非能孤立支撑图案设计的主旨，其造型、色彩、结构等方面都要依托主图案形成，其生命力也是由主图案的存在而存在的。但这种对装饰图案的认知是片面的，也是世俗的。所谓装饰，大致说来是将一事物装饰于另一事物之上，譬如，祠庙楼台上的雕塑、瓷器瓦罐上的描绘，布料上的花纹等，但这些都称为典型装饰。而真正意义上的装饰图案是指能起到装饰作用的图案形态或纹饰，需要从更深层面的设计观念中全面、丰富而又准确、深刻地理解装饰图案的概念。就现代装饰图案的发展表现来看，装饰图案就如同人类生活中的一面透镜，不仅映射出人类物质生活和精神生活的种种变迁，还会从情感上牵动着人们对遥远文化的遐想和对生活的憧憬。

(二)装饰图案设计的基本样式

装饰图案的样式，是指装饰图案艺术在特定情形下相对稳定地予以审美者的感受类型与视觉模式。如果从具体图案层面分析，可以指每件图案作品在观赏者眼前所呈现的视觉形式。所分化的样式也是按照装饰图案自身语言特征的普遍性被我们所理解的。装饰图案的基本样式从单独意义上予以限定，是相对于连续型图案样式而显示其自身特征的，并在装饰形式规律的表现过程中以其独立个体结构形式出现。

单独型样式对于装饰图案而言，充满了个体的视觉特征，所设计的完整架构必然与相对群体的连续图案不相关联，拥有其实现自身的美学价值。冬奥会会徽正好符合这一审美特性，因为会徽原本就是由一个或多个独立图形元素所组合的图案，且其中包含图形、文字，并以一种结构式形态展现。我们在研究会徽作为装饰图案案例中发现，作为单独型装饰图案设计符合单独型样式中的平衡、对称两种图案形态，且易于理解和认知。一方面，以平衡的形式命名的装饰图案，是因为在这种形式中不仅拥有单独的意义，而且还充满一种历来艺术家共同认可的自由审美法则和意蕴。从力学角度理解平衡最为清晰、可信和认同，在冬奥会会徽中出现过人物姿态的平衡、建筑物的平衡、自然景观的平衡，这些装饰图案就是把客观力学上的平衡原理运用到视觉元素之上，进而让图形在观赏者审美心理上产生合乎平衡心理的形象美感。另一方面，以对称作为装饰图案设计来说，对称完全属于美学原理法则范畴，对称图案形式主要是以中轴线为划分界线，以此来衡量左右、上下、前后等不同视角、不同标志物所产生的相对视觉感观。对称与平衡在图案审视中都存在各自形式的审美特色。对称具有平衡的因素，但平衡却不能认定其图案对称，对称相对平衡更易于认定和评价，但平衡不仅要以力学视角审核，更要通过图形元素所占的比例和意义多重评价。因此，二者在单独型图案类型中，占据着不同美学价值的分量和各自特性。

（三）装饰图案与冬奥会会徽

装饰图案的美在于其独特的装饰性。冬奥会会徽设计属于平面装饰图案设计范畴，主要以平面性的载体展示奥运人文与举办国家的形象。从图像学视域归类冬奥会会徽设计样式，以及从上述提到的单独型图案设计样式来审视冬奥会会徽，可以将其分为平衡式和对称式。

1. 平衡式

平衡式是借助人的平衡心理感受对作品予以特定形式美感的塑造，用平衡的审美法则和意蕴审视冬奥会会徽。如 1932 年第 3 届美国普莱西德湖冬奥会会徽是从力学上理解平衡。图案中一名跳台滑雪运动员的剪影，将客观力学的平衡原理运用于视觉之上，进而利用造型过程让审美心理体验出合乎平衡心理的形式美感。再如 1994 年第 17 届挪威利勒哈默尔冬奥会会徽，整体造型虚幻漂移，且存在不稳定感和立体感，但作为设计者必须要从力学视角考虑其平衡体验的存在，对于设计出的作品不但要保证其图形的象征价值，更要考虑图案整体对于观者的心理承载力，如果缺少平衡稳定的心理铺垫，任何一个图标都不能持久地留存于观者内心。从冬奥会会徽的设计结构去审视，不难发现，平衡式设计几乎出现在上、中、下结构中的冬奥会会徽中，特别是以五环托起举办地和举办年字符的会徽设计，本身就给人以平衡美感。在

24 届冬奥会会徽中，有近一半的会徽设计采用了这种表现方式，尤其是在1992 年第 16 届法国阿尔贝维尔冬奥会之后，五环垫底、字母数字居中、图案在上的设计一直延续到 2022 年第 24 届中国北京冬奥会会徽设计。其中 2014 年第 22 届俄罗斯索契冬奥会会徽设计有所不同。

2. 对称式

对称式是根据对称原理，以中轴线为中心依据，从其上下或者左右相对展开的具有对称效果的装饰图案。对称式应用于冬奥会会徽设计，有着庄重、稳定和平和的美感。第 6、第 9、第 10、第 11、第 12 届冬奥会会徽属于左右对称图形，第 14、第 15 届冬奥会会徽属于轴心对称图形。在第 16 届冬奥会以后，装饰型对称图案设计没有再呈现，会徽设计趋势更趋于自由与变化，考究人们对称审美的心理映像成分有所降低。对于采纳对称图案的冬奥会会徽设计的国家而言，是寄希望于利用对称形式充满人类与生俱来的爱美天性，也以此来反映现代图案设计的鲜明与均衡。大多对称图案都表达的是民族文化符号和自身国家文化氛围，以对称鲜明的装饰风格印证举办城市在历史文化中的价值倾向。在冬奥会会徽设计中运用对称图案形式，是人类审美本性中冲突时空阻隔最可靠的设计依据，也是设计史上不可多得的灵魂式的形态造型。相信这种对称图案仍会在冬奥会会徽设计范围内继续发挥引人注目的不朽价值。

四、现代创意图案类型与冬奥会会徽

(一)创意图案的思维类型

创意是设计思维的奇思妙想，每个艺术图案设计都要伴随着成千上万种思想和思索过程。在图案设计领域，我们可以感受到作品深处所闪烁的艺术之光，也能从作品外观形式中找寻到内在的创作美感。冬奥会会徽的每一个图案设计都是独一无二的，这些创意图案离不开创意的思维，因为只有饱含创意的图案作品才能拥有强大的生命力和持久力，才能久居于奥运视觉这座艺术殿堂之中。在图案设计领域，创意的产生之源是思维，这些思维方式大体可以分为 8 种类型：形象思维、直觉思维、灵感思维、逆向思维、抽象思维、发散思维、聚合思维、联想思维。但针对创意思维类型和冬奥会会徽图案设计，我们不尽全面解读每种思维的定义与审美范畴，只针对应用于会徽设计领域的 4 种进行解读和介绍。

1. 形象思维

在会徽设计中形象思维是必不可少的，任何一种图案都要表现一种形象，因为形象思维本身就是用直观形象和表象解决问题的一种思维方式，也是人们认识世界时对事物表象进行取舍时慢慢形成的。丰富艺术设计的表象需要设计师具有特殊的直觉能力，需要加强形象思维来重组图形、色彩、文字、构图等要素，从而产生对物象的记忆，再通过归纳、概括后表现出来，以表达对作品图形元素的设计用意。

2. 灵感思维

灵感思维是指凭借直觉而进行的快速、顿悟性的思维，是一种创造性思维活动。任何一届冬奥会会徽都可以说夹杂着设计者或设计团队的灵光闪现，也就是我们常说的灵感。因为灵感是人脑高级的感知能力，更是思维发展到一定程度的产物。对于冬奥会会徽设计所产生的灵感多体现出随机性、偶然形和模糊性，这种比较精妙的灵感也许只有设计者才能体会得到。譬如，冬奥会会徽中很多设计元素比较单一，但却蕴含着独特的审美用意，从图形、色彩、形象、文字都可能是设计者在某种启示下所获得的一种思维定式。当然，对于视觉传达设计如何激发灵感，一直是设计者苦苦追求和不断探索的问题。

3. 逆向思维

逆向思维是朝着相反的方向思考问题，是背离常规思考方式的一种反思考，通常也称之为反向思维。逆向思维不满足于人云亦云的传统思考，善于标新立异、打破常规，表现出乐于探索的创造性。逆向思维的运用也是设计师根据设计的需要，主观地、主动地将某种思想或思考置于逆转场景时的一种摸索，并希望从中逆袭而获得不一样的思维体验。这种想法非常贴切于我们常说的“反其道而思之”，让思维向对立面的方向发展，从问题反面去探索新的解决途径。

4. 抽象思维

抽象思维是以概念、判断、推理等形式进行的思维，又称抽象逻辑思维。抽象思维具有概括性，是在分析事物时抽取事物最本质的特性形成的概念，并运用概念进行推理和判断。在会徽设计过程中，思维活动是设计师创作作品的必然环节，抽象思维也是最常用的一种思维方式。抽象思维所表现的图形是具象思维不能实现的图形，但二者的关系是相辅相成的，抽象思维要取材于客观事物的具象本身，通过对其特性、本质、概念的再演绎，才能产生新的设计，抽象思维和具象思维共同推动设计的创新发展。

(二)创意图案与冬奥会会徽

现代创意图案设计的出发点建立在“习惯的有益启示”，把观察的、思考的习惯与创意思维融合就会形成独特的美感图形。在上面提到的针对冬奥会会徽图案设计关联度较高的4种思维方式在24届冬奥会会徽中均有所体现，尤其是在20世纪90年代之后，越来越多的设计思维让观赏者感受到设计师在创意上所付出的努力。

从1992年第16届法国阿尔贝维尔冬奥会后的会徽设计中，会徽设计理念逐渐被赋予了创新蕴意，其主图案的设计源于抽象思维的创意。第16届冬奥会会徽，圣火形态在图案中变形，并在其中用两条交叉的弧线融入圣火图案当中，象征着奥运圣火所点燃的滑雪运动员的运动激情，所以这种图案设计是一种抽象的象征，其创意的基点是广阔的联想天地所孕育的美感。

富有形象思维创意的要数第14届、第15届、第19届冬奥会会徽中对于雪花形象元素的描述，其中最形象的是第15届，它的造型采用字母“C”的交叠形成了加拿大的枫叶形态，也更贴近于雪花形状。双层象征既是藏而不露又是显露，更能体现符号象征语言的独特魅力，也给图案赋予了多重表达色彩。如图4-13所示，2010年第21届加拿大温哥华冬奥会会徽图案是由5块彩色石头叠成，既像路标灯塔，也像一个站立的冰球运动员，其构思取材于古代印第安人的路标塔图案，色彩搭配也蕴藏着温哥华民族传统色调及地域特征，可谓“小灵感，大内涵”。

图4-13　2010年第21届加拿大温哥华冬奥会会徽

逆向思维的创意设计应用于近3届冬奥会会徽，原本作为标识的设计图案却采用了文字与图形的相互转换，大胆且让人记忆深刻。最为明显的是第23届和第24届冬奥会。2018年第23届韩国平昌冬奥会将韩文中“平昌”两个字的子音简化，构成天地合一的雪花与冰凌造型，这种简单的设计思维蕴含着丰富的韩国民族文化精髓。2022年第24届中国北京冬奥会会徽以中国书法的艺术形态描绘了“冬梦”的唯美造型，将人、物、自然巧妙地融合在一起，既展现中国东方文化与国际风格的接轨，也彰显了新时代的大国形象。

在灵感创意中，具有代表性的是2002年第19届美国盐湖城冬奥会会徽和2006年第20届意大利都灵冬奥会会徽，其灵感创意做到“以情动人”和“以形感人”的和谐统一。作为“以情动人”的第19届冬奥会会徽，利用图形色彩诠释盐湖城人民的热情，用色彩对比犹他州从沙漠到白雪皑皑的大山景色之美，用色彩呈现美国多元文化的独特风格，用色彩凸显运动员的奥运精神和勇气。2006年第20届意大利都灵冬奥会会徽“以形感人”，实际上是用安托内利尖塔幻化为冰和雪组成的山峰的造型来烘托世界人民大团结的奥运永恒主题，抒发了意大利人民欢迎世界人民到来的热情与情感。

第五章　视觉影像与冬奥会开幕式

新媒体时代的到来，赋予了视觉影像全新的内涵和外延，视觉影像早已不再是传统意义上静态照片和动态画面的组合，而是转变为一种全新的信息表现方式。数字新媒体技术让视觉影像无论是在传播方式还是在表现力上都有惊人的突破，而它所带来的新特性、新形式、新运用更是极大地改变了我们的生活。过去，我们通常认知影像是通过摄影机镜头形成的光学图像，是超出以往“相片”所包含的内容和形式。然而随着科技的飞速发展，我们逐渐认识到影像是视听语言中类似“看”的环节，是可以动起来的“单位镜头”，更是能够配合音效共同组成可以实际记录生活的“活镜头”。目前，视觉影像的发展已经从过去的动起来到现在活起来的质变经历，视觉影像以亿万兆的频率不断闪现在我们眼前。而视觉影像市场的繁荣已经不单单垄断着影视界、广告界，它已经通过新媒介的发展，迅猛地植入到每一个社会角落和每个人的头脑里。新媒体时代下视觉影像的发展让人类的想象空间变得更加宽泛，人类社会已经进入了影像传播繁荣的大众传媒时代。

本章对24届冬奥会开幕式进行翔实解析，以视觉影像视角挖掘冬奥会开幕式上所呈现的视觉元素及其文化内涵，并聚焦开幕式文艺展演中典型的视觉影像进行汇总和梳理，以此呈现冬奥会开幕式的视觉符号及文化创意元素，以期为奥林匹克文化传播和非物质文化遗产的挖掘提供参考。

新媒体时代下，奥运会的可持续发展不可能离开视觉影像的发展。2014年12月8日，在摩纳哥召开的国际奥委会第127次全体会议通过了《奥林匹克议程2020》(Olympic Agenda 2020)改革方案(以下简称《议程》)。《议程》提出要重点推动奥林匹克主义的传播与教育，开创性地提出由奥林匹克广播服务公司(OBS)建立一个数字化的奥林匹克电视频道(olympic channel)。奥林匹克电视频道有助于增加奥运会时间之外的奥林匹克媒体曝光率，能够使得人们有机会重温和体验奥运会的宝贵经历，能够将赞助商们更好地整合，以实现赞助者和观众的双赢。更主要的是，奥林匹克电视频道会将节目重点放在突出奥林匹克运动的思想传承与文化交流上，使青少年们通过观看奥林匹克电视频道而得到更多的娱乐、知识和教育。从《议程》修订的意见中，我们能感受到奥林匹克运动的发展离不开新媒体技术。

第一节　冬奥会开幕式的文化内涵与结构演变

奥林匹克仪式作为仪式体系中的一类范式，是《奥林匹克宪章》中规定的传统项目和奥运文化展现的重要舞台。冬奥会也绝不会错失最具分量的开幕式这一重头戏，开幕式是汇聚世界目光的焦点，也是大放异彩、展现国家形象的最有价值的镜头之一。从 1924 年至今，共举办的 24 届冬奥会开幕式，从最初的开幕致辞、入场仪式、宣誓仪式、点火仪式环节逐渐增加了丰富多彩的文艺展演，如果说点火仪式的神秘是开幕式的“亮点”，那开幕式中的文艺展演就是展现国家历史和文化的“缩影”，并贯穿于开幕式始终。本书通过历史影像资料、文献资料的分析，对已呈现给世界的 24 届冬奥会开幕式进行梳理，解析其文化内涵与历史演变过程。

一、冬奥会开幕式的文化内涵

冬奥会开幕式是展现奥林匹克运动精神、展示举办国家本土文化的重要平台。冬奥会开幕式所承载的文化内涵以一种影像传播的方式向世界解读着奥林匹克精神文化的同时，也在向世界诠释着举办国家对于体育、健康、艺术、思想的和谐统一。冬奥会区别于夏季奥运会的不仅仅是季节的差异，更是在寒冷环境下人类得以生存和发展历程的写照。大自然赋予了地球春、夏、秋、冬四季，同时也在培养着人类生存的技能。历届冬奥会开幕式在不断迭变过程中，承载着冬的美、人的美、运动的美和文化的美等诸多要素，这也是冬奥会开幕式的独特文化内涵。

（一）独特冰雪酿造别样冬奥精神

从视觉传达领域，开幕式囊括了所有本届冬奥会的视觉元素，包括会徽、吉祥物、火炬等重要冬奥标识，并通过文艺展演的方式将所有视觉元素进行串联和演绎，这种演绎尽显冰雪运动的魅力和独特的季节特点。1994 年第 17 届利勒哈默尔冬奥会开幕式将冰雪竞技与点火仪式融合在一起，尽显冰雪运动魅力，并为开幕式点火仪式增添了独特创意。在开幕式上，哈拉尔德五世国王在雄伟的高山滑雪场地的山脚下宣布大会开始后，跳台滑雪运动员斯登 ·哥鲁本手持奥运圣火飞跃了100多米降落在主体育场内，之后由滑雪运动员凯瑟林 ·诺丁尼斯交给哈肯 ·马格努斯王子点燃火炬。在运动项目的力量之美外，冬奥会的开幕式也是一场集民族文化与审美的美学盛宴。跳台滑雪的竞技瞬间聚集了世界的目光，也使所有人感叹创意所要承载的风险与挑战，这也许就是开幕式导演所要出奇、突破的关键所在。

(二)冰火两重天的视觉效果，尽显冬奥会盛宴的与众不同

在冬奥会开幕式的舞台上，呈现“冰火两重天”的交融景象是所有设计者最难设计的环节。原本水火不相容的现象如何才能突破人们头脑里的禁锢与束缚，如何谱写令人难忘的冰与火之歌，成为历届冬奥会开幕式上的一大主题设计环节。2006年第20届意大利都灵冬奥会开幕式，出现的4个场景演绎出冰火融合的极致画面；意大利著名体操运动员尤里希奇头戴面具装扮火神，手举大铁锤不断捶打火炉(图5-1)；穿着红衣的速滑运动员背负火焰滑行(图5-2)；红色法拉利赛车在冰面上喷射红色火焰(图5-3)；俯视开幕式的布局，其呈现出火焰形状，通过红白灯光色调变换着冰与火的交融。所有红与白的色调，所有热火与寒冰的碰撞都在渲染着热烈奔放的意式美学，也在诠释着都灵冬奥会的口号——“激情在这里燃烧”的奥运精神与文化内涵。

图5-1 火神捶打身前火炉的场景

图 5-2　穿红衣的速滑运动员背负火焰滑行的场景

图 5-3　红色法拉利赛车喷射红色火焰的场景

(三)冰雪元素成为冬奥会开幕式独特的创意元素

冰雪作为视觉元素在冬奥会期间可谓大放异彩，任何一届冬奥会都不能忽略二者的存在。毫无疑问，冰和雪的象征含义几乎全部都与寒冷、冬季有关。此外，冰雪还象征着纯洁、洁白、质朴。从情感角度来说，冰雪让人联想到冷淡、僵化、脆弱、短暂；有时还用来形容缺少情感和爱心的人。这是设计者在运用冰雪元素时必须考虑的象征含义，但这些象征似乎与正面表达冰雪对于冬季运动的描绘和人们对冰雪运动的热爱背道而驰。所以，在冬奥会的开幕式上我们经常能看到“冰雪消融”的场景，以此来预示春天的到来，对奥运精神的传承。在开幕式上，冰雪元素所象征的冷淡、僵化、短暂、缺乏情感的意义通常都会被有效规避，而突出冰雪元素的洁白、质朴、纯洁等积极向上的象征意义。另外，冰雪元素还象征着冬季运动项目的蓬勃开展及冬季带给人们的无限乐趣。如图 5-4 所示，2022 年第 24 届中国北京冬奥会开幕式上，冰雪元素成为贯穿始终的醒目元素，尤其是雪花元素的运用，这也是雪花第一次承载如此温暖而宏大的寓意。开幕式上，雪花纷纷汇聚成大雪花，飞舞在场地上空，一个长约 15 米的雪花从屏幕上缓缓升起，纯洁、烂漫的童声与白鸽，环绕着标记了 91 个国家和地区名称的一朵朵小雪花连接而成的巨型雪花，共同守护着那束火种，直抵人心。这朵雪花的故事是北京冬奥会开幕式总导演张艺谋给雪花写下的温暖“注脚”。

图 5-4　2022 年第 24 届北京冬奥会开幕式上的“大雪花”图案

二、冬奥会开幕式的结构演变

(一) 冬奥会开幕式的结构演变特征

冬奥会开幕式在结构演变上具有以下 3 个基本特征。

1. 独一性

每一届奥运会的开幕式都是独一无二的，无论从时代的变革，还是竞技的升华。每一届奥运会开幕式的每一场景都是独一无二的，且意义和价值是不可覆盖的。

2. 周期性

周期性是指开幕式可以在外界条件改变的前提下，其结构有所相似或类似的呈现效果，在内容的种类和形式上也存在递进与提升的关系，所以在时间层面上便体现出了周期性的特点。这种重复不是完全的重复，而是以递进和变化的要求进行重复。

3. 浓缩性

奥运会开幕式所要传达的巨大的信息量在短短几小时之内呈现给世界，以有限的篇章浓缩无限的内涵，在程序化和规范化的前提下无限展示举办国家的形象与民族文化。

(二)冬奥会开幕式的形态结构演变

冬奥会开幕式的形态结构是指由一系列可感知的形式组合而成的整体架构及其配置方式和相互顺序。形态结构内容包含了开幕式的时空结构、角色服饰和行为举止。时空结构是开幕式举办的基本条件，角色服饰和行为举止是开幕式的主要场景与内容。行为内容作为核心内容分为运动员入场仪式、点火方式和展演环节。下面，我们对行为内容的运动员服饰和入场行为进行解析。

1. 时空结构

(1)空间结构的演进是随着时间的推移逐渐进行转换的，时空结构间存在必然的联系。在历届冬奥会举办城市确定之后，选择开幕式场馆就成为举办赛事首要的焦点问题。空间的选择要考虑到场地空间布局、地理位置、交通状况、容纳的观众数量及场地功能性布局设定等，这些都是开幕式空间选择的重要依据。

(2)时间结构是指开幕式的举行时间、进度、时间安排等。冬奥会开幕式的时间比较特殊，要充分考虑举办城市的气候条件，以及开幕式所选场馆的开放与封闭空间条件，既要考虑温度与湿度，又要考虑光线与时差。随着科技与场馆条件的进步，冬奥会开幕的时间通常分为白天和晚间举行，而且举办时间的界限十分明显。1998 年第 18 届日本长野冬奥会之前，所有的开幕式均选择在白天举行，因为当时是纯露天场地举行开幕式，有一些特定的程序需要在较好的光线配合下才能完成，如 1968 年第 10 届法国格勒诺布尔冬奥会上需要增加空中飞行表演、洒落气球、国旗和 3 万朵鲜红玫瑰花；1992 年第 16 届法国阿尔贝维尔冬奥会进行的专门飞行表演，飞机在长空中翱翔盘旋，喷出五色彩带气体划破蓝天。首次选择晚间举行开幕式的是 2002 年第 19 届美国盐湖城冬奥会，自此之后，开幕式上增加了烟花、焰火、灯光秀等渲染气氛的多种手段。这种对于开幕式举办时段的选择和更替，很大的原因在于场馆条件的提升和媒介手段的进步。

2. 运动员的服饰设计

运动员的服饰设计也是开幕式形态结构中代表国家形象的“名片”。冬奥会开幕式上，入场式是各国运动员向世界展示国家形象的“首映礼”。那么，运动员的服装设计与所持物品或器材、入场的队列排布和行进间的举手投足都会成为展示各国运动员风采及民族气质的基本要素。服装设计是“按照艺术和科学的规律，运用形式美的法则，用纺织材料在人体上进行空间组合构成，创造出立体的艺术形象的过程”。历届冬奥会开幕式上，各国服装一直遵循着整齐划一的原则，但每个国家都在设计方面避免重复与雷同，让服装设计富于变化，力争做到体现奥运精神的前提下，更加追求至高无上的艺术表现力。夏、冬奥运会在入场式服装方面的最大区别就在于“薄厚”之分，其地域温差决定了这一特征，冬奥会更像是羽绒服的一场“展销会”或“时装秀”。与此同时，项目差异、民族表现力和资助厂商的具体要求也决定了运动员服装的材质、样式、色彩和图案。回顾2014年第22届俄罗斯索契冬奥会开幕式的入场式服装，美国队打造的星条旗队服、东道主的俄罗斯风情、法国人一身的Lacoste的冬日优雅、德国队的明艳彩虹相间的羽绒衫、中国队的红色如火的冬季服都凝集了各国服装设计者对队服设计方面的艺术加工和实际需要。

3. 运动员所持器物

运动员入场环节中所持的器物也随着时代的发展变得自由与灵活，烘托着奥运自由、民主、欢快的和谐气氛。《奥林匹克宪章》(2001)第69条规则规定：“参加入场队列的人员不得携带旗帜、横幅、三角小旗、照相机或其他不属于其制服一部分的可见的饰件或物品。”这条规则在冬奥会历史上有着不同的解读方式。历届冬奥会开幕式上，参加入场式的运动员手中所持的器物也随着时间推进而发生变化。在第1届冬奥会入场式上，雪板、冰鞋、雪橇、冰球棍等冰上运动器材都被运动员携带入场；此后的1948年第5届瑞士圣莫里茨冬奥会上，冰雪器材的装备更是整齐划一，原因也在于开幕过后就要进行比赛的缘故；但这种“装备式”的入场在1952年第6届挪威奥斯陆冬奥会以后逐渐消失。在近3届冬奥会的开幕式上，运动员持本国的小国旗出现频率最高，手拿吉祥物也有之，但为数不多。譬如，2006年第20届意大利都灵冬奥会上，澳大利亚运动员拿着本国吉祥物——带着拳套的袋鼠亮相在入场仪式上，为展示民族色彩增添了新意；在1968年第10届法国格勒诺布尔冬奥会入场式上首次出现运动员拿相机拍照的画面，这在当时是罕见的现象，直至今日，依然可见摄像机、照相机、手机等影像设备被运动员带入冬奥会的入场仪式中。

4. 运动员入场过程中的行进方式和队列变化

运动员入场过程中的行进方式和队列变化也是结构演变的内容之一。参与入场式的人员充当着本国的“形象大使”，所以其举止言行都是本民族气质的真实写照。在20世纪80年代以前，参加入场的各国官员、运动员、教练员的举手投足能够反映出时代变迁与政治影响的因素较为明显。1948年第5届瑞士圣莫里茨冬奥会的入场式规定严格，在路过贵宾席的时候，要将头转向贵宾席但不伸手，旗手应该放平旗帜。军事化的入场方式限制了入场人员的动作，在缺乏互动交流的形式下不能完美地体现奥运健儿的风采和对奥运赛场的渴望之情。所以，在1980年第13届美国普莱西德湖冬奥会以后，挥手、微笑、交谈、飞吻、摄影、欢呼、跳跃等各种举止与表情在入场仪式上被表现得淋漓尽致，也象征着世界各国优秀运动员欢聚一堂，共同享受这和平、团结、友谊的奥运盛会。回顾第1~11届冬奥会，入场式的队列行进一直沿用军事化的检阅方式，使行进的姿态与经过主席台前的敬礼或降旗形成一种规律。唯独1936年第4届德国加米施-帕滕基兴冬奥会，为了塑造第一次世界大战后联邦德国的新形象，避免因军人形象而让人们联想起好战的德国，在入场式中首次定下“欢快和人情味”的主调，全无宗教、军事和民族沙文主义的形象，这种虽带有政治避讳的入场方式却渲染了赛场自然、轻松、互动的融洽关系。在20世纪70年代前的冬奥会始终延续着军事化的入场仪式，各国队列组成按照官员、男女运动员顺序入场，彼此间隔与各队列之间的距离都在入场前被告知并通过引导员来控制入场行进的速度。在此期间，为控制队列行进速度，合理控制开幕式时间，在会场周围安插“暗哨”或“督导”引导各国队列的行进速度。20世纪80年代以后，奥林匹克运动在深刻的改革之后由封闭模式转为开放模式，使奥林匹克运动逐渐开始适应社会的变化，也迎来了奥运会的再度兴盛。在冬奥会的入场仪式上，运动员不再被限制于军事化的入场形式，只要不脱离本国方队就可以尽情地展示本国的民族面貌，这种自由、愉悦、轻松的入场方式延续至今。冬奥会的入场式通过不断地改革与创新来彰显国家形象和民族魅力。从时间分配上看，入场式已经成为历届冬奥会开幕式的重要砝码，通过精简与消融的方式来削减冗长的入场式成为奥组委探讨开幕式的“经久”议题，但入场仪式作为展示奥运大家庭和谐、昌盛、繁荣景象的作用是不可替代的，所以，消减不是目的，创新才是根本，它的存在应该被世界所接受和推崇。

（三）冬奥会开幕式的意义结构演变

冬奥会开幕式的意义结构是抽象的结构形式，指的是隐含在内的开幕式要传达的价值和意义。前文着重解析了冬奥会开幕式的结构形式，但这只是开幕式中的固定环节，且用时最多，所展现的冬奥会开幕式的意义结构也最多。冬奥会开幕式所展现出来的意义都是我们在观看开幕式过程中，在社会发展、历史变迁、文化演变等多重语境下，结合个人阅历、文化、观念、思想及情感等综合素养，融合且萌发出的意义取向，这种意义的获得是不确定、不全面或是不清晰的。因为，任何一届冬奥会开幕式的视觉元素、视觉图像、视觉影像的设计都是人所产生的灵感、思想、观点，对于观者而言，是需要信息接收和理解的，这样才能达到视觉传达的效果。但在多重因素、多重语境、多重文化背景下，视觉信息的传达必然会出现信号不畅、信息丢失、信息混淆及信息错乱等各种情况。所以，设计者对于意义的把握和观者对于意义的接收是存在不确定性的。在阅览众多对于奥运视觉或奥运文化的文献中发现，很多视觉元素的解读存在模糊、重复、错乱等现象，这是对意义结构的错读、误解。但我们不能说这些文献就失去研究的价值，就篡改了历史或真相，对于冬奥会开幕式的视觉符号或冬奥会的所有视觉元素的解读而言，笔者认为设计者在设计之初有其独特且具体的指向，但艺术作品的解读是多元化、多面化的，我们不能阻止和限制观者对于视觉元素的自我欣赏、自我愉悦、自我见地，也无权去干涉和阻挠。因为，艺术就是让人看得到、摸得着、想得开的东西，任何人都是艺术鉴赏的“有权人”。

冬奥会开幕式的意义结构分为外部意义和内部意义。通常来讲，外部意义是开幕式直观展现仪式程序所要呈现的内容和表意。内部意义是开幕式所表现的仪式要素或视觉影像所内含的文化蕴意。

1. 仪式程序直观表达冬奥会开幕式的外部意义

仪式本质上是一个身体经历的过程。人们的身体聚集到同一个地点，通过特定的程序和流程完成了仪式的整个过程。冬奥会开幕式上，各国运动员、裁判员、官员代表彼此相遇，同时、同地进行互动交流，这本身就具有非凡、庄重的仪式感。自第1届冬奥会开始，开幕式的仪式程序有增无减，但必须要符合《奥林匹克宪章》规定的动作要求，不可逾越和修改。在开幕仪式程序方面，国家元首宣布冬奥会开幕，这种做法从第 1 届奥运会就已经形成传统，这也是仪式程序的第一层外部意义：有效增强举办国家人民的爱国热情和对世界和平的向往与意愿。入场仪式是国家形象的第一次亮相，入场的顺序也在《奥林匹克宪章》的规定下有序演变。发展至今，2022 年第 24 届中国北京冬奥会开幕式的入场仪式的顺序是除奥林匹克发祥地希腊、东道主中国、下届 2026 年第 25 届冬奥会主办国意大利外，其余代表团与 2008 年第 29 届中国北京夏季奥运会相同，根据简体中文的笔画顺序入场。这种仪式程序的变化显示了第二层外部意义：入场仪式是参赛国家或代表团展示运动员风采的绝佳时机，更是国家形象与竞技实力的展现。

接下来开幕式程序是圣火点燃，奥运圣火的熊熊燃烧象征着光明、勇敢、团结和友谊，预示着奥运光芒在这一刻继续传承，冬奥会也不例外。冬奥会的圣火点燃仪式相对夏季奥运会延后了 16 年，继 1936 年第 11 届德国柏林夏季奥运会圣火仪式之后的 1952 年第 6 届挪威奥斯陆冬奥会首次正式点燃主会场火炬，开创了冬奥会圣火仪式的新纪元。点燃圣火的方式是开幕式的焦点和最神秘的环节，作为奥运圣火被点燃的第三层外部意义是奥运精神的代代相传、奥运之火永不熄灭。

最具有意义的仪式程序是开幕式的文艺展演环节。冬奥会文艺展演演变至今，完完全全成了一场盛大的视觉盛宴，所有的视觉符号元素都与国家文化、经济、历史、科技等发展息息相关。文艺展演的意义必然多样，其所表现出的第四层外部意义是展演内容、人物、场景、科技等多要素直观映射出举办国家的发展实力与文化底蕴。总体而言，仪式程序是在《奥林匹克宪章》的规定下和一届届冬奥会轮转下形成的相对固定的媒介事件。从外部意义上讲，冬奥会开幕式中，运动员入场、宣誓、圣火传递与点燃，升国旗、升会旗、奏乐等一系列程序化的仪式，一方面为了营造庄重、和谐、快乐的氛围，另一方面则是通过仪式程序，让运动员、裁判员、参赛人员和场内、场外的观众共同感受到奥运精神的传承及奥运文化的熏陶。这一点完全符合现代奥林匹克的精神，人与人、人与自然共存的“命运共同体”，“人与自然和谐共存”的恒久主题。

2. 仪式展演成为冬奥会开幕式内部意义的主旋律

冬奥会开幕式既是一次媒介事件，更是一场媒介仪式。仪式展演一词原本属于两个词语组合在一起，“仪式—展演”这两个词语的先后顺序也是开幕式媒介事件的发展过程。自冬奥会加入奥林匹克大家庭，使得奥林匹克运动的赛事结构更加合理。同时，也正因为冬奥会的加入，使开幕式又成了各种创意的先行者。1924 年第 1 届法国夏慕尼冬奥会可谓“奥林匹克精神高贵优雅的女祭司”，既盛大、又隆重，从游行、讲话、宣誓的词语里伴随着强烈的宗教仪式的味道。1960 年第 8 届美国斯阔谷冬奥会之后，浓烈的宗教仪式的开幕式风格日益向欢快、愉悦、自由的气氛转变，随着时间推移和地域跨界，宗教仪式逐渐过渡为仪式化，不再体现宗教色彩。为了突出冬奥会的教育功能，文艺展演所采用的精美艺术形式，通过各种方式将公众的热情与奥林匹克崇高的理想融为一体，呈现了一台色彩缤纷、环环相扣、充满艺术气息的开幕式，以此来激发运动员和观众对于运动美的情感体验。一届届冬奥会开幕式的文艺表演风格日益更迭，从最初服务于仪式的文艺表演开始转型为具有艺术特质的展演形式。纵观 24 届冬奥会开幕式，仪式中增加文艺表演是 1936 年第 4 届德国加米施-帕滕基兴冬奥会之后，自此文艺表演成为各举办国家展示自己民族文化和国家气质的重要舞台，也成为冬奥会开幕式内部意义的主要输出环节。发展中期，1988 年第 15 届加拿大卡尔加里冬奥会开幕式上，时任国际奥委会主席的安东尼奥·萨马兰奇(Antonio Samaranch)在欢呼声中致辞后，加拿大总督索维夫人宣布冬奥会开幕，顿时彩旗飞舞，看台上观众组成的彩色五环和“88”字样及枫叶等图案，更增添了喜庆的气氛。奥运圣火由卡尔加里 12 岁的业余滑冰运动员罗宾·佩里(Robyn Perry)点燃，加拿大滑雪运动员皮尔·哈维(Pierre Harvey)代表运动员宣誓，开幕式上还进行了富有艾尔伯塔省西部风格的表演。发展至今，2022 年第 24 届中国北京冬奥会坚持“简约、安全、精彩”的原则，减少时间与人数的投放，追求简约倒逼创意，创意饱满使开幕式变得高级与自信，从头到尾如行云流水一气呵成，体现出中国大道至简的哲学思想，最后呈现给世界一场极具浪漫、自由、现代审美基调的精彩开幕盛典，展现出中国人的自信、中国外交的自信、中国文化的自信，也折射出当今中国人面对世界时更从容、风吹浪打中更勇毅，文化传承里更坚定的平和心态。

总体而言，冬奥会开幕式具备正式、庄重的仪式程序，也蕴含其生动、多元的文化展演环节，内、外部意义兼备。仪式程序极具形式特征，但绝不仅仅是一种外在形式；文艺展演具有表演性质，但也绝不是局限于表演表面；仪式举办于冬奥会开幕主会场，其仪式体验发生地却遍布世界每个角落；展演内容虽然是举办国家的民族风情和传统文化，但却超出国家与民族文化的范畴，向着世界文明、和平与共不断呐喊；开幕式可以记忆社会历程，却带有浓厚的符号话语特征，使记忆更加永恒和范式；开幕式凝结经典、凝聚力量，无论外部意义的表达，还是内部意义的抒发，都在记录着冬奥会开幕式发展的每一步足迹和每一刻经典，用符号化的叙事语言诉说着冬奥会开幕式的美与尊严。

第二节　冬奥会开幕式中的视觉影像创意解析

夏季奥运会百余年，冬奥会近百年。奥运会仪式中开闭幕式、圣火传递及颁奖盛典等已然成为奥运会必不可少的重要环节，更是奥运会最具特色和魅力的华彩乐章。1992 年第 16 届法国阿尔贝维尔冬奥会和 1994 年第 17 届挪威利勒哈默尔冬奥会的开幕式使奥运会插上想象的翅膀，而 2022 年第 24 届中国北京冬奥会几近完美、成功地举办，更是向世界诉说着“一起向未来”的奥运愿望和创意图景。在冬奥会开幕式的各个环节中，文艺展演与点火仪式是最具视觉影像素材和文化创意的，也是最能彰显开幕式旋律的章节，所以本节重点分析冬奥会开幕式中的文艺展演和圣火点燃两个部分。

一、冬奥会开幕式中文艺展演的目的与创意

（一）文艺展演的目的分析

冬奥会的举办晚于夏季奥运会，在一些举办形式、符号设计、流程环节等方面都在沿袭着夏季奥运会的模式。但冬奥会与夏季奥运会有着明显的差异和特征，尤其是开幕式的文艺展演方面，冬奥会让世界感受到了冬季运动的独特魅力。通过时间维度划分冬奥会文艺展演的目的，我们可以大致分为 5 个阶段，分别为单一表现阶段（1924—1932 年）、政治突出阶段（1936—1972 年）、特色回归阶段（1976—1998 年）、视觉与科技融合阶段（2002—2018 年）、新使命与新时代变革阶段（2022 年及以后）。

1. 第一阶段——单一表现阶段（1924—1932 年）

在早期冬奥会的文艺展演过程中，展演的目的性相对单一。第 1~3 届冬奥会基本没有展演这一环节，除奏乐环节外，仪式的程序化和宗教化成为冬奥会开幕式的主要特征。

2. 第二阶段——政治突出阶段(1936—1972 年)

冬奥会也摆脱不了政治家对其的操控，这也正说明了体育与政治千丝万缕的关系，错综且复杂。第 4~11 届冬奥会，展演目的趋于政治化和民族化的意图更加清晰。1936 年第 4 届德国加米施-帕滕基兴冬奥会实际是同年德国夏季奥运会的“彩排”。东道主德国借用欢快的入场仪式与文艺表演释放和平烟幕，以塑造第一次世界大战后联邦德国的新形象。第二次世界大战后的冬奥会开幕式，文艺展演在硝烟过后以和平、团结、友谊作为表现宗旨，东道主精神风貌和民族审美观都在展演过程中逐渐体现出来。1960 年第 8 届美国斯阔谷冬奥会的开幕式的设计由迪斯尼公司负责，将“卡通式”的场景布局与文艺展演密切结合。在这 8 届冬奥会期间，开幕式的表演仍然没有打破场地的局限，从主题、形式、内容方面没有达到奥运开幕式文艺展演的艺术形态，但此阶段开幕式的火炬传递与圣火点燃成为开幕式的新亮点。

3. 第三阶段——特色回归阶段(1976—1998 年)

排除万难，世界呼唤奥运回归，呼唤绿色、和平、纯洁的奥运，开幕式的文艺展演也在呼唤着新的视觉效果，让世界感知奥运本色与民族气质的表达。第 12~18 届冬奥会开幕式的文艺展演形成了独有的特色，从单一的冰上舞蹈到团体式旗舞，从定位的音乐演奏到行进的方队变换，表演的整体构思开始注重对举办国文化形态的挖掘和艺术形态的拓延。譬如，1976 年第 12 届奥地利因斯布鲁克冬奥会，9 名旗手在 10 名鼓手的伴奏下整齐划一地展示着民族舞蹈的魅力；1984 年第 14 届南斯拉夫萨拉热窝冬奥会，歌舞表演及富有气魄的方队造型、浓郁特色的音乐与服饰等将开幕式推向高潮；1988 年第 15 届加拿大卡尔加里冬奥会，在团体操表演中，1 100 多名儿童在场内组成美丽的图案，并向世界宣扬冬季运动的魅力和奥运传承的精神。这一届的文艺展演首次在真正意义上反映了举办国的特色和民族风貌。自此，冬奥会开幕式的文艺展演披上了浓郁的民族文化特质。

4. 第四阶段——视觉与科技融合阶段(2002—2018 年)

2000 年之后，视觉艺术表现力大大提升，人们对于媒介传播的视觉效果的要求也大大提升，科技与媒介的进步，拉近了世界人民的距离，文化传播的速度也大大提高，在此阶段如何能展现出冬奥会独特的视觉冲击力，成为新世纪奥运会开幕式设计的新焦点问题。第 19~23 届冬奥会，多元文化的社会环境也促使冬奥会开幕式的目的性向着多元化方向发展。这 5 届冬奥会开幕式实现了中西方文化的汇聚、释放与融合，进而以多元化的曲调演绎着新世纪发展的最强音，这种开放的动态艺术释放着璀璨的文明之光，令其拥有无与伦比的生命力。回眸 2014 年第 22 届俄罗斯索契冬奥会，时隔 34 年，俄罗斯再次向世界展现了一个充满艺术特质的国度，“用现代主义诠释红色岁月”“用古典音乐书写壮丽篇章”“用戏剧芭蕾演绎和平年代”等，这届冬奥会的开幕式以富有智慧的创编设计、气势磅礴的艺术表现、宏远悠扬的音乐回响再一次翻开了奥运史上的崭新一页。2018 年第 23 届韩国平昌冬奥会，主题口号是“和谐，连接”，这 4 个字也是当今世界发展的潮流。在同一地球上，人类要秉承着和谐相处和共同进步的理念。在此基础上，地球村使我们身处同一个家园，相互交流与对话已经成为新时代的要求。我们处在一个万物相连接的新时代，不仅在社会中需要人与物的相互连接，在奥运会的赛场上，也需要这种携手共进的精神，体育本身是社会和谐发展的重要理念，和谐与连接的精神也衬托着奥林匹克精神，追求公平团结、互助共赢的思想内涵。

5. 第五阶段——新使命与新时代变革阶段(2022 年及以后)

新冠肺炎疫情影响着世界，影响着体育未来的发展。2021 年 3 月 13 日，国际奥委会一致通过了奥林匹克运动新改革路线图——《奥林匹克 2020+5 议程》，旨在未来 5 年更好地应对后疫情时代的挑战。2022 年第 24 届中国北京冬奥会在此阶段成功举办，承载了奥运与时代跃迁新的使命，并在克服这次健康危机过程中，成为新时代发展阶段的领头羊，为这个新世界奥运开启做好了充足的准备，用崭新的画面和内涵传达了此届冬奥会开幕式的新使命，借此实现更进一步的团结和数字化，加强可持续发展，塑造“我们”的未来，肩负并扛起了时代赋予的新挑战。

(二)文艺展演的创意分析

冬奥会开幕式的文艺展演不乏精彩创意，历经百载，展演的视觉创意经历了从青涩到成熟，从单一到复杂，从朴实到奢华，从肃穆到磅礴的漫长岁月。冬奥会开幕式的设计师把创意视为开幕式的“灵魂与心脏”，而在智慧攒动、思维衍生的设计思潮中，一个个创意被赋予了奥运视觉符号的光环，光彩且夺目。评述历届冬奥会开幕式的展演的创意应始于第 15 届冬奥会，前 14 届的文艺展演逐渐摆脱雏形，并开始从宗教仪式向团体操表演转变，但主题、风格、创新的理念没有在这 14 届当中得到真正的体现。

第 15~24 届冬奥会开幕式展演的视觉创意设计一览表见表 5-1。

表 5-1 第 15~24 届冬奥会开幕式展演的视觉创意设计一览表

届次	时间	地点	具体形式	主题创意
15	1988 年	加拿大 卡尔加里	360 名牛仔、牧场主、教师等跳起具有加拿大西部风格的舞蹈；团体操表演；释放和平鸽	让各个职业代表参与到表演当中，体现奥运参与精神；1 100 多名儿童组成多样图案来展现冬奥之美与冬奥发展；服饰、舞蹈、音乐等展演要素首次真正意义上体现举办国的特色
16	1992 年	法国 阿尔贝维尔	冰上舞蹈；团体操表演；舞蹈表演、空中芭蕾、空中鼓乐、冬季项目表演与歌唱表演、“飞鸟”表演、彩旗表演	机械式的团体操异彩纷呈；舞台灯光与道具使表演形象化、立体化；极具想象力的空中表演蕴含法国浪漫主义气息；彩旗表演带有西欧特征，具有民族传统色彩
17	1994 年	挪威 利勒哈默尔	童话般的艺术表演，各异服装色彩搭配与音乐伴奏；“环保和平鸽”的释放；烟花渲染现场	叙事性的情节表演使展演具有主题特征；冰雪精灵使冬季运动生机盎然；白色和平鸽的制作手法开辟奥运新领域：环保
18	1998 年	日本 长野	民族舞蹈与传统运动项目展示；通过卫星异地共同演绎歌曲	“人类与自然共存”的主题，竖胜利柱、相扑和稻草人文化体现日本民族文化及与自然的交融互生；主题歌《孩子主宰世界》紧扣奥运文化传承
19	2002 年	美国 盐湖城	舞台剧的叙事性表演与音乐家、当红歌星、大提琴手的精彩演艺	“点燃心中之火”的主题赋予多层含义，恐怖袭击过后的浓郁爱国主义色彩；好莱坞式的西部探险重温美国民族经济的发展脉络；国家冰球队点燃“奇迹之火”

表 5-1(续 1)

届次	时间	地点	具体形式	主题创意
20	2006 年	意大利都灵	民族舞蹈与音乐的结合；各异服装的志愿者上演图案变换；芭蕾、话剧、行为艺术的演出形式	以“激情在这里燃烧”为主题的7个篇章，民族器乐表演、歌曲演唱，营造民族风貌，充分诠释了奥林匹克精神；色彩视觉转换引领章节转换，充分让人感受到激情和能量同在，速度与时尚融汇
21	2010 年	加拿大温哥华	原住民的特色舞蹈，音乐家的演唱与诗人的吟诵，艺人的叙事性表演，舞台灯光、道具、音响等现代科技的融入	文艺演出以“梦的风景”为主题，6 个篇章的演绎，利用高科技与表演者完美互动，表现出了人与蓝天、海洋、山峰、森林及大自然万物的共生共存，也再次凸显奥运的环保主题
22	2014 年	俄罗斯索契	以芭蕾舞剧为主，电影音乐、欢快的民族舞蹈为辅，以俄罗斯小女孩的梦境拉开了俄罗斯悠久历史的画卷，舞台特效等高科技手法为开幕式增光添色	“俄罗斯之梦”的主题寓意如巨人般的俄罗斯从沉睡中苏醒，也以一位名叫柳博芙(俄语是“爱”的意思)的女孩的梦境展开，以情节贯穿展演始终，并将俄罗斯的历史、人物、名胜、发明等重新映现给世界
23	2018 年	韩国平昌	开场舞、仗鼓表演、舞蹈《光之门》、《阿里郎》演唱、列侬歌曲《想象》和《奥林匹克颂》演唱。五行之说与四大神兽；韩国人的精神图腾——白虎和熊女；道家符号的再现——八卦与太极；《阿里郎》背后的文化意象	“和平”的主题贯穿于开幕式文艺展演的始终，以和平钟为起点，孩子串联整场开幕式，以寻求四大神兽、五行、八卦等文化答案，以期探寻民族历史与起源，所有视听影像和符号隐含着韩国民族的意识形态与价值观念，从而构建韩国实现民族记忆与奥运文化之间的认同，构建起奥运精神与朝鲜、韩国民族间的文化关联

表 5-1(续 2)

届次	时间	地点	具体形式	主题创意
24	2022 年	中国北京	仪式前舞蹈《一起向未来》、突出“春”元素、设置“致敬人民”环节、短片《未来的冠军》、演绎一朵雪花、点燃奥林匹克主火炬	开幕式突破常规：简约、安全、精彩！以“人民”“我变我们”为展演主题，一朵雪花贯穿于表演中的每个环节，从最开始观众得到的礼包、倒计时短片、参赛国家和地区引导牌、演员服装、部分表演的背景、主火炬，一朵雪花成为开幕式的最大伏笔和经典。开幕式整体脉络将文艺表演与仪式环节融为一体，同时还融入科技创新、低碳环保和运动健康理念，体现时代特色

纵观近 10 届冬奥会开幕式，文艺展演紧扣冬奥会的主题，以视觉冲击为主、声觉震撼为辅，从团体操展示各异图案到叙事性舞台剧回顾历史，从悠久肃穆的宗教仪式到精彩绝伦的文艺表演，从平朴无华的队列变换到活灵活现的动态图案，无不使人流连忘返，赞叹冬奥会开幕式的独特与创举。由表 5-1 可知，从第 15 届冬奥会以后，文艺展演的目的性更明显，视觉冲击力更强大，民族主义、爱国情感、人文色调无不在展现着举办国的国家形象和综合国力，宣扬着人与人之间、人与自然之间的共存关系，也在不断传达着和平与团结的共同愿景。伴随着奥运格言“更快、更高、更强——更团结”，深刻阐释了奥林匹克精神的时代特征，它不仅传递着激情和梦想，也是展示勇气和力量的赛场，更是抒写奋斗和团结的冬奥舞台。

二、冬奥会开幕式圣火点燃仪式的理念创新

奥运圣火的熊熊燃烧象征着光明、勇敢、团结和友谊，预示着奥运光芒在这一刻继续传承，冬奥会也不例外。冬奥会的圣火点燃仪式相对于夏季奥运会延后了 16 年，继 1936 年第 11 届德国柏林夏季奥运会圣火仪式之后的 1952 年第 6 届挪威奥斯陆冬奥会首次正式点燃主会场火炬，开创了冬奥会圣火仪式的新纪元。冬奥会开幕式的圣火由谁点燃？点燃的方式如何？这些疑问成了盛典当中最为神秘莫测、最引人注目、最扣人心弦的重要环节，所以

历届冬奥会开幕式设计者对圣火点燃理念创新的追求从无懈怠。

（一）历届冬奥会主火炬手的角色特征

在冬奥会历史上，成为开幕式中点燃主火炬塔的火炬手是一个运动员莫大的荣耀。与夏季奥运会相比，冬奥会主火炬手的选择可谓异曲同工、相得益彰，尤其是在主火炬手的职业特征、性别特征、量化特征上都在不断发生着微妙的变化。在职业特征上，非体育职业或非冬季项目运动员成为冬奥会主火炬手的一大特征。1952 年第 6 届挪威奥斯陆冬奥会的主火炬手是挪威著名探险家弗里乔夫·南森(Fridtjof Nansen)的孙子埃基尔·南森(Ekir Nansen)。乔夫·南森作为驾驶“前进”号(Fram)利用浮冰漂浮横跨西伯利亚北部的诺登舍尔德(Nordenskiold)群岛的伟大探险家，探测并发现了“死水效应”，其民族英雄的光环成就了他的后人点燃冬奥会的主火炬，以缅怀这位伟大的探险家和致敬其崇高的民族精神。1972 年第 11 届日本札幌冬奥会的主火炬手选择了一名日本在校学生，其用意在于突出第二次世界大战后的日本对青少年的希望与未来的憧憬。第 16 届和第 21 届冬奥会主火炬手的选择并没有局限于优秀的冬季项目运动员，而分别选择了一名足球明星米歇尔·普拉蒂尼(Michel Platini)、小男孩格朗热(Grange)和 NBA 篮球明星史蒂夫·纳什(Steve Nash)作为主火炬手。1994 年第 17 届挪威利勒哈默尔冬奥会选择的是挪威王储哈肯·马格努斯(Haakon Magnus)王子作为主火炬手，用国家首脑当主火炬手的设计理念在夏季奥运会的历史上也是绝无仅有的。在性别特征上，让女性充当奥运会主火炬手出现在 1968 年第 19 届墨西哥墨西哥城奥运会上，而在冬奥会历史上，共有 7 名女性参加了 6 次点火仪式，而夏季奥运会也只有 5 次，人数也是 7 人。1984 年第 14 届南斯拉夫萨拉热窝冬奥会首次选用女性作为主火炬手，成为冬奥会开幕式历史上凸显女权主义的开山之作。在量化特征上，一位主火炬手点燃火炬司空见惯，而多名主火炬手共同点燃圣火的创举最早出现在 1976 年夏、冬两届奥运会上，此后夏季奥运会出现了 3 人和 7 人共同点燃主火炬的情况，分别为第 24 届和第 30 届夏季奥运会，而冬奥会远超过这个数字，此后第 16、第 19、第 21、第 22、第 24 届冬奥会都出现过多人点燃火炬，人数最多的一届当属第 19 届，共有 20 名冰球运动员共同点燃主火炬，唱响 2002 年第 19 届美国盐湖城冬奥会“点燃激情之火”的英雄凯歌。

第 6~24 届冬奥会主火炬手的角色特征一览表见表 5-2。

表 5-2 第 6~24 届冬奥会主火炬手的角色特征一览表

届次	时间	主火炬手	性别	角色特征
6	1952 年	埃基尔·南森	男	挪威著名探险家弗里乔夫·南森的孙子
7	1956 年	吉多·卡罗利 (Guido Caroli)	男	意大利著名男子花样滑冰运动员
8	1960 年	肯·亨利 (Ken Henry)	男	1952 年第 6 届挪威奥斯陆冬奥会男子速滑冠军
9	1964 年	约瑟夫·里德 (Joseph Reed)	男	奥地利高山滑雪运动员
10	1968 年	阿兰·卡迈特 (Alain Calmat)	男	法国男子单人花样滑冰运动员
11	1972 年	高田秀喜	男	日本在校学生
12	1976 年	约瑟夫·费斯特曼特尔 (Joseph Feistmantel); 克里斯特尔·哈斯 (Crystal Haas)	2 男	奥地利雪橇运动员；奥地利高山滑雪运动员
13	1980 年	查尔斯·摩根·克尔 (Charles Morgan Kerr)	男	一位年已 45 岁并有 5 个孩子的美国普莱西德湖的普通市民，拥有博士学位
14	1984 年	桑德拉·杜布拉夫契奇 (Sandra Dubravsic)	女	21 岁的南斯拉夫女子花样滑冰冠军
15	1988 年	罗宾·佩里	女	卡尔加里一名 12 岁的业余滑冰运动员
16	1992 年	米歇尔·普拉蒂尼； 格朗热	1 男 1 女	法国足球明星和一名热爱各种体育运动的 9 岁小男孩
17	1994 年	哈肯·马格努斯	男	挪威王子
18	1998 年	伊藤绿	女	冬奥会女子花样滑冰冠军日裔美籍选手，亚洲第一位花样滑冰世界冠军
19	2002 年	前美国冰球国家队队员	20 男	夺得 1980 年第 13 届美国普莱西德湖冬奥会冰球金牌的美国国家队全体 20 名成员

表 5-2(续)

届次	时间	主火炬手	性别	角色特征
20	2006 年	斯蒂法尼娅·贝尔蒙多(Stefania Belmonto)	女	意大利越野滑雪运动员，两次获得冬奥会冠军，并以 2 金、2 银、4 铜的成绩成为冬奥会历史上获得奖牌最多的运动员之一
21	2010 年	米歇·曼根(Michel Mangan)；莱西·格灵(Lessie Green)；史蒂夫·纳什；多安(Doan)；韦恩·格雷茨基(Wayne Gretzky)	3 男 2 女	加拿大著名残奥会运动员；加拿大女子滑雪名将；NBA 球星、女子短道速滑 500 米奥运冠军；加拿大冰球运动员
22	2014 年	弗拉迪斯拉夫·特雷蒂亚克(Fratislav Tretyac)；伊琳娜·罗德尼娜(Irina Rodnina)	1 男 1 女	苏联 3 届冬奥会冰球冠军与 3 届冬奥会女子花样滑冰冠军
23	2018 年	金妍儿	女	2010 年冬奥会获得女子单人滑冠军及大满贯获得者
24	2022 年	迪妮格尔·衣拉木江；赵嘉文	1 男 1 女	中国越野滑雪国家队运动员和中国北欧两项运动员

(二)时间维度解析点火方式的理念创新

奥运是激情的、热烈的、欢腾的，那么构思巧妙的点火仪式无疑是点燃激情的最好方式之一。如果用时间来衡量冬奥会点火理念创新跨越的边界，“世纪之交”可以充当这一分界点。

21 世纪前，夏季奥运会的点火仪式的理念设计发生着翻天覆地的变化。1984 年第 23 届美国洛杉矶夏季奥运会“奇特的点火之旅”：打扮成太空人的火炬手飞过主体育场点燃圣火；1992 年第 25 届西班牙巴塞罗那夏季奥运会可谓“艺高人胆大”的点火方式，残疾人运动员安·雷波略(Ann Repoli)射出的“火箭”划破夜空，飞向 70 米远、21 米高的圣火台；1996 年第 26 届美国亚特兰大夏季奥运会运用“情感凌驾科技”的经典点火方式，拳坛传奇人物穆罕默德·阿里(Muhammad Ali)用颤抖的手点燃了圣火。相对于 21 世纪前的夏季奥运会的点火仪式，冬奥会点火在方式和引燃手段上没有标新立异的视觉美感，主火炬盆的外观设计没有太大变化，形态、大小、材质的变化并不引人注目，仅在空间上对主火炬塔的高度和台阶的数量做了调整，点火理念的解读更多地取决于主火炬手的角色定位和火炬传递方式。

21 世纪后的第 19~24 届冬奥会的开幕式上，点火方式的科技含量与奥运主题的理念传承得以真正体现出来。譬如，2002 年第 19 届美国盐湖城冬奥会，20 名美国冰球运动员共同点燃火炬，表达了美国人民对冰球创造奇迹的赞扬和浓郁的爱国主义色彩。火炬台的设计是螺旋式的设计结构，20 名火炬手点燃下端的引火点，燃烧的火焰自下而上冉冉升起，伴随着音乐的节奏传递至顶端，奥运圣火在“现代运动传奇”中被激情点燃；2006 年第 20 届意大利都灵冬奥会的圣火仪式充分利用了现代科技与视觉传导的点火理念，主火炬手在点燃拱形钢管顶端的火苗同时，交替的焰火喷薄而出，环环相扣并引燃由 5 支螺旋在一起的火炬筒，诠释出“激情在这里点燃”，充分让人感受到激情和能量同在，速度与时尚融汇的完美画卷；2010 年第 21 届加拿大温哥华冬奥会的“冰上点火”的创意让人赞叹，虽然存在瑕疵，但瑕不掩瑜，设计者的 4 根立柱和中央“火眼”的设计造型创造出冬奥会历史上“冰火交融”的奇迹，4 根立柱的设计代表了加拿大 4 个原住民族，中心火眼代表了奥林匹克运动，其含义象征加拿大人民对奥运的渴望和对全世界人民的欢迎之情；2014 年第 22 届俄罗斯索契冬奥会从火炬的造型到主火炬塔的外观造型上做足了文章，2 名俄罗斯的体育名将引燃小火炬塔，一道火线飞向顶端，火炬塔犹如引吭涅槃的“火鸟”，在夜空中长鸣吐焰，运动场内外焰火齐放，唯美的点火设计理念烘托着俄罗斯国家和民族对人类文明史的贡献及无限的民族自豪感，顺延的火焰使人们情不自禁地延展阅读和欣赏着俄罗斯的历史与文化；2018 年第 23 届韩国平昌冬奥会点火仪式最终由韩国花样滑冰超级大满贯得主金妍儿点燃主火炬台前的冰雪装置，圣火被送到主火炬塔，朝鲜半岛的奥运圣火再次点燃；2022 年第 24 届中国北京冬奥会最大的创新是点火方式和火炬台设计，可谓百年奥运史上前所未有：将熊熊燃烧的奥运之火，幻化成雪花般圣洁、灵动的小火苗。这一创意来自低碳环保理念。奥运火种是奥林匹克精神的重要象征，随着环保理念愈发深入人心，熊熊大火的形态总有一天要改变。“微火炬”的设计理念，彰显着中国的自信与改变固有规则的实力。代表着每个参赛国的“小雪花”凝聚成象征着人类命运共同体的“一朵大雪花”，再化作五洲四海“天下一家”的火炬台的浪漫故事，中国以雪花为媒，与世界一起向未来！正如冬奥会主题歌所唱：“千万雪花，竞相开放，万千你我，汇聚成一个家。”中国理应承担大国之责，更应有大国之典范。

综上所述，冬奥会文艺展演经历了从无至有的过程。形式上的肃穆传统与唯美开放，理念上的程序定式与多元创新，使展演的目的由单一向多元化方向发展，既具体又鲜明；冬奥会开幕式的入场式是各国运动健儿共同拉开冬奥竞技舞台的序幕，以代表队的服装与器物、队列与行为作为展示本国民族气质和竞技英姿的基本要素。入场式所占时间比例的增多反映出奥运大家庭的壮大，用创新的思维去凝练与传承显得尤为重要。冬奥会圣火点燃仪式寓意鲜明，“人与方式”的抉择成为历届盛典最具猜测力的“视觉符号”。职业特征、性别特征、量化特征成为冬奥会主火炬手角色定位的3大特征。以“世纪之交”这一时间点作为冬奥会点火仪式的理念跨界似乎显得头重脚轻，但对称并不一定完美，因为历史仍在继续。近5届冬奥会在视觉创意层面引领了冬奥会点火理念的新趋势：科技充当主角，艺术演绎崇高，同一目标多重内涵，但神圣仍为准绳。

如果说奥林匹克运动是展示人类艺术瑰宝的长廊，那么开幕式则是窥视世界艺术的一扇窗户。冬奥会开幕式如同世界性的文化“熔炉”，在记录冬奥会竞技体育辉煌的同时，凝集着民族文化与世界文化的精髓，让多种文化、多种形式、多种理念在此汇聚与融合。冬奥会的历史虽不及夏季奥运会古老而深邃，但冬奥会的文化同样在续写着奥运历史，散发着奥林匹克艺术的耀眼光芒。

第六章　2022 年第 24 届中国北京冬奥会视觉形象设计的启示

第一节　2022 年第 24 届中国北京冬奥会视觉形象设计研究

一、北京冬奥会赛场的视觉形象设计

巴赫提出："奥运会将在后疫情时代成为黑暗隧道尽头的光，激励着我们，鼓舞着我们。"而冬奥会的场馆，必将成为承载这束光的场所。2022 年第 24 届中国北京冬奥会（以下简称"北京冬奥会"）的场馆景观设计与核心元素设计均遵循道法自然、天人合一的中国哲学思想。北京冬奥会由 3 个赛区承接，北京赛区承办冰上竞赛项目，延庆赛区承担雪车、雪橇、高山滑雪竞技项目，张家口赛区承办其他雪上项目。这些赛区中的赛场设计十分独特，在视觉上吸引了人们的眼球，如"冰丝带""雪游龙""雪如意"等设计建筑，已充分融入中华优秀传统文化的元素，成为令人瞩目的标志性建筑。

（一）北京冬奥会国家速滑馆"冰丝带"的视觉形象设计

北京冬奥会主赛区标志性的场馆设计建筑"冰丝带"，是冬奥会新建的冰上竞赛场馆，设计的灵感来源于冰与速度的完美结合创意，它位于北京中轴线北端的奥林匹克森林公园西侧，外形有 22 根飘逸发光的丝带线条。这 22 条丝带如奥运健儿滑过的痕迹，彼此之间围绕着椭圆形曲面旋转上升，以"冰"和"速度"为设计象征，象征着速度和激情。场馆内，在 400 米长的滑道上，设有 12 000 个座位，每名观众都能听到"每一次溜冰鞋滑过冰面的声音"。同时，它是亚洲最大的冰面，冰面总面积达 1.2 万平方米，通常情况下可接待 2 000 多名观众，并可一起开展冰球、花样滑冰等全部冰上运动。北京冬奥会

国家速滑馆在视觉形象设计上彰显了丝带线条飘逸的美感。

(二)北京冬奥会国家跳台滑雪中心"雪如意"的视觉形象设计

国家跳台滑雪中心"雪如意"是进行单板大跳台奥运竞技运动的，它是冬奥会历史上第一个滑雪跳台，是工业遗产再利用与冰雪项目紧密结合的比赛场地。"雪如意"是我国首选跳台滑雪规范场地，同时也是张家口举办区工程量最大、技术水平难度较大的比赛场地，其主体建筑设计灵感来源于中华传统吉祥物装饰品如意，所以，被人们称作"雪如意"。作为北京冬奥会张家口赛区地形标志性场馆，"雪如意"占地约 62 万平方米，位于张家口古杨树场馆群的西北角；其竞赛场馆造型与中国传统饰物如意契合，在强化中国文化元素的同时，如意形的侧面曲线在西北向兼具防风功能。"雪如意"整体建筑包括山上顶峰俱乐部，山下看台区、竞赛区及综合区等，与地面落差达 130 米，坡顶是一个 40 米高的圆形观景台，跳台滑雪的赛道曲线是 S 形。在璀璨的灯光下，"雪如意"气势宏大。北京冬奥会的滑雪大跳台在视觉形象设计上彰显了温柔、谦虚的美。

(三)北京冬奥会首钢滑雪大跳台"雪飞天"的视觉形象设计

首钢滑雪大跳台是目前世界上首个永久性单板大跳台。大跳台造型飘逸，跳台造型设计灵感来源于敦煌的飞天飘带。跳台的首钢结构预留下了将来要变化的概率性。外表使用安装方便、完成率高的穿孔铝板，具有以冬奥会会徽色彩为基调的渐变色外观，梯度结合穿孔铝板和造型设计自身的扭曲紧密结合。项目充分尊重首钢工业遗址环境，是冬奥会历史上首座和工业遗产结合使用的竞赛场馆，在群明湖的反射下看起来非常灵动、飘逸。

(四)北京冬奥会国家游泳中心"冰立方"的视觉形象设计

为建设北京冬奥会的冰壶赛道，在可持续发展的理念下，我国把 2008 年第 29 届中国北京夏季奥运会的"水立方"变成了冬奥会的"冰立方"。"水冰变换"可以在"水功能"和"冰功能"中随意转换，同时，具备进行水、冰体育竞技运动和各种各样大型体育活动的能力。"冰立方"的转换体现了环保节能的设计理念。在北京冬残奥会时，"冰立方"再次"变身"，成为冬残奥会轮椅冰壶场地，各种无障碍设施一应俱全，"冰立方"又一次以独特的方式向世界呈现中国智慧。北京冬奥会国家游泳中心的改造，在视觉形象设计上彰显了环保可持续发展的美。

(五)北京冬奥会五棵松冰上运动中心的视觉形象设计

五棵松冰上运动中心是北京冬奥会的冰球训练场，所处位置紧邻北京长安街，是目前全国最大的超低能耗体育场馆，成为北京冬奥会首个进行“二氧化碳冰场”运营的竞赛场馆。其建筑如同一片片飘落的冰凌花聚合而成。设计力图将这种抽象的形象符号与建筑结构在感知上相互交织透叠，从而点燃人民对冬奥会及冰雪运动的热情与期盼。北京冬奥会五棵松冰上运动中心在视觉形象设计上彰显了冰雪纹理的美。

总之，从“冰丝带”“雪如意”“冰立方”“冰菱花”等奥运场馆的建筑设计得知，北京冬奥会竞赛场馆的设计在视觉形象方面，给参赛奥运健儿、观众、教练员等眼前一亮，同时达到可持续使用的效果，以助推绿色、低碳办奥理念。

二、北京冬奥会吉祥物的视觉形象设计

(一)北京冬奥会吉祥物设计的理念

吉祥物是历届奥运会的标志之一。吉祥物是冬奥会主办国为祝愿奥运会举办圆满成功，以及显示主办城市的独特地理特征、历史和文化，也为奥运会营造一个节日气氛。北京冬奥会吉祥物“冰墩墩”寓意创造非凡、探索未来，体现了追求卓越、引领时代及面向未来的无限可能。吉祥物的形象设计是奥运会识别项目中其他形象所无法比拟的。

(二)冬奥会吉祥物设计的科技含量不断增加

奥运会吉祥物在起源、发展趋势上有着自身的渊源，而了解奥运会吉祥物的文化韵味和特性对理解奥运会吉祥物的寓意及其社会功能具有积极意义与实际意义。吉祥物来源于法国普罗旺斯语的 Mascotto；20 世纪初“Mascotte”才写进法语词典，英文“Mascot”才得以演变，寓意能产生吉祥的人、动物或其他东西。奥运会吉祥物的关键是设计过程，其对历史与文化的表述是得到人民群众认同的主要要素。100 多年来，科技进步给人类的日常生活带来了天翻地覆的变化，从各层面促进了奥运会的快速发展和演化，使奥林匹克精神和奥运会形象设计更加具有时代特点。现如今，形象设计不再是抽象化的，

不会再限于平面图的二维或立体式三维，反而是与电视机、互联网技术等各种各样新闻媒体一起关联。只有将传统元素和现代科技结合在一起，才能赋予吉祥物设计新的活力。奥运会吉祥物的形象设计在奥林匹克精神传播及对举办城市的宣传发挥着关键作用，并且也是吸引广告商、开发设计者、销售市场、赞助商的主要条件。

(三)北京冬奥会吉祥物的形象设计

北京冬奥会的吉祥物是“冰墩墩”，英文为 Bing Dwen Dwen，汉语拼音为 Bing Dun Dun。“冰”代表纯洁、顽强，是冬奥会的特点之一；“墩墩”象征敦厚、敦实和可爱，与我国的国宝熊猫在形态上相似，它象征冬奥会中奥运健儿强健有力的身体、顽强的精神毅力及鼓励人心的奥林匹克精神。“冰墩墩”的熊猫形象和冰晶外壳的融合突显了中华文化元素与冰雪运动的结合体，赋予了“冰墩墩”新的特性和特点，展现出冬季冰雪运动的特性。熊猫的形象选取与“萌化”造型设计十分成功，而水晶超柔毛绒质感与冰外壳的设计增加了现代和国际化的属性，使得全球人民更易于接受与喜爱，超柔毛绒与硅橡胶外壳质感等的亲和度也增加了群体受欢迎的原因。“冰墩墩”是真正意义上成功的全球性原创 IP 设计。“冰墩墩”造型的现代性与国际化，彰显了未来性。首先是“熊猫”的中国属性，其次是新时代中华民族的文化自信。“冰墩墩”的头部彩色设计灵感来自“冰丝带”。它的头部线条流动象征着赛道和 5G 科技的融合，头部外壳造型设计来自竞技健儿的头盔，寓意着时代科技与冬季冰雪盛会的相得益彰。吉祥物“冰墩墩”迅速成为北京冬奥会的“消费热点”，在世界各国圈粉不计其数，一度间产生了“一墩难求”的场景。“冰墩墩”将现代科技与冰雪运动完美结合，把活泼可爱与敦厚融为一体，让人民感受到它的可爱，更能触摸到充满生机活力的中国，在文化与科技之中，倾听与未来的对话，点燃舞动冰雪的激情。文明与大国之光，照亮前行的方向。

三、北京冬奥会开幕式的视觉形象设计

(一)冬奥会开幕式民族文化展演的视觉形象设计

开幕式是体现奥林匹克运动的文化要素之一，也是奥林匹克文化保存与传承的有效载体，负载着特定的文化意义，其程序化活动围绕内容主题展开并为之服务。开幕式以一定的象征性符号为其活动核心。这些符号在传统、

习俗和制度的作用下获得了一种精神化、人格化的解释，成为思想的化身。人们在开幕式中通过对它们的敬仰和崇拜而获得对其代表的精神、思想和实体的信仰。同时，通过用举办国、举办城市的文化来表达奥林匹克主义等普世思想，开幕式因此具有多样性的特点，对奥林匹克主义的不同理解和解释又使其兼有解释性与强调性的特点，而传达普世精神的努力和结果使其展现出传承性的特点。总体而言，开幕式极具形式特征，是一种外在的具有展演性质的却不只限于展演其仪式效力的，其呈现的功能也是多样化的，但超越了国家和民族文化的范畴。开幕式可以存储“社会记忆”，但具备独特的话语色彩。开幕式具备凝聚功能，展示着社会变迁的叙事能力，又蕴含着策略上的价值引领。

（二）冬奥会开幕式感染群体情感的视觉形象设计

开幕式之所以能成为全人类共同崇尚的文化事件，其魅力还表现在对情感的渗入，开幕式唤起了人们共同的感情。虽然其形态结构有限，但是这些却是以奥林匹克精神和主义为核心的独特结构，使其达到了其他文化事件和景观所不能企及的兴奋度。开幕式之所以能激起普遍意义上的感情，是因为它强化了奥林匹克文化的信息，这些文化信息是其参与者已经很熟悉的。开幕式中逐步建立并传承下来的诸如入场式、升旗、圣火点燃等程序，驱动了参与者的情感和思索，在不同层面触动群体心理，使其对开幕式主题产生兴趣和情感理性认识。究其原因，它满足了人类共同情感的需要，使得人们达成了共识。了解或不清楚下一步会产生什么并不重要，只需见到或参加，就能提升情感和把握住人心。这种意识的能量对加强奥运精神具备关键实际意义。艺术通过情感来解读世界的方式是情感化的，这种感情在仪式的构形和文艺表演的催化下得以完成，使得注意力以共同情感的方式被唤起和满足，从而确认和强化了开幕式的意义。通过唤起普世的感情，奥林匹克宗旨在开幕式中被强化，也在潜移默化中影响着人们的思维机制与行为规范，通过这种方式使奥林匹克主义和精神得以传承。

（三）冬奥会开幕式仪式情境的视觉形象设计

仪式最广泛的功能是以一致的功效追求完美广泛的结果，开幕式也是如此。从 4 年 1 次的周期时间，聚集了奥运会标志、仪式及其内涵、情感、信仰，又通过艺术方式造就和重构了情感与实际意义自身。开幕式时间的虚拟特质把历史带回现在，而人类的集体无意识和追忆心理把现在带回过去。文化的存在机制是被复制，程序被作为奥运会开幕式中的一个惯性因素，是受众群体探寻最经济实惠的线路和标识。周期时间的规定是人为的，因此，当奥运文化教育不间断地传给下一代人时，开幕式的方式更为容易。对于任何参加开幕式的人来说，这些程序都是众所周知的，可以帮助参加开幕式的个体强化对集体的归附感，从而将个体微弱力量提升到集体力量中。凝聚团结的功能具有潜在性，这使得开幕式所提供的秩序更具有一种理想化的特征。正因为如此，每届奥运会的开幕式都同样地让人期待，也正因为如此开幕式才得以传承。

首先，单个的开幕式是一次性演出，现实的仪式及展演仅此一回，就一届开幕式来说它不可重复。

其次，开幕式具有周期性，是指奥运会开幕式可在外界环境变化的前提下，通过人们精心设计准备可以得到类似或相似的实际效果，这种类似的实际效果使开幕式在时间序列分析上展现出周期性的特点，但这种反复并不是彻底的反复，而是转变的反复。开幕式的一次性和周期性紧密联系，虽然每届奥运会的开幕式都是唯一的，但是同样作为奥运会的开幕式，人们的情感在循环中得到强化。

再次，开幕式具有浓缩性，时间上的限制，必须将丰富的信息以浓缩形式释放出来，从而增强开幕式效力，在有限的时间内呈现出非常丰富的含义。开幕式各环节时间、内容有限，有着固定的程序化模式，而程序化、规范化的机制也是奥运会开幕式的特征之一。

(四)北京冬奥会开幕式中华民族文化自信的视觉形象设计

“双奥之城”的中国首都北京迎来历史性伟大时刻，奥林匹克圣火再次在中华大地点燃，一场浪漫、空灵、简约、精彩、自信的开幕式惊艳了全球。许多小雪花汇聚成一朵大雪花，一朵雪花传递群体共同的情感，北京冬奥“一起向未来”的口号得以完美诠释。北京冬奥会开幕式以传统历法的时光轮转作为倒计时开场，从 24 数到 1，冬去春来，四季更替，每一帧都是壁纸，每一秒都美如画。第 24 届北京冬奥会，24 个节气，又恰逢第一个节气立春，诗意的偶然、浪漫的创意、巧妙地融合，再配上一首首中国古典诗篇，一重又一重的意境汇成世界人民都看得懂的美好。“春雨惊春清谷天，夏满芒夏暑相连。秋处露秋寒霜降，冬雪雪冬小大寒。”古人通过观天时万物而总结的二十四节气，蕴含了中国人的勤劳智慧与生命哲学，以此倒计时，正是中国人的浪漫所在。此外，诗意的细节处处可见，比如“黄河之水天上来”呈现在舞台上应是何种模样？开幕式也给出了答案，蓝色水墨从天而降，幻化成黄河之水，一泻而下，顷刻间，场地内全奔腾着滚滚而来的黄河之水，甚是壮观，尽显中华文化底蕴。

四、北京冬奥会点火仪式的视觉形象设计

（一）冬奥会点火仪式神秘感的视觉形象设计

每一届奥运会的开、闭幕式是奥林匹克运动中最具神秘和魔力的环节，既弘扬了“普世价值”理念的奥林匹克文化特征，又突显出东道国丰富多彩的民族风格和地域风韵。而奥林匹克圣火的传递意味着奥林匹克精神的实质和激情在世界各国散播，奥运情结联结每个角落，奥林匹克圣火的熊熊燃烧代表着光明、团结、友谊等，预示着奥林匹克之光在这一刻将再次传承下去。在奥运会开幕式的历程中，奥运圣火是怎样点燃、谁点燃，也是庆典活动中最神秘、最引人注意、最动人心弦的关键一部分。从文化学的视角研究奥林匹克圣火点燃仪式的每个元素，是为了避免奥林匹克理论基础研究链的缺少和破裂，产生一个独立操作系统、多元化的奥运会。奥运会圣火代表着公平、团结、友谊、公正，奥运会圣火的传递和点燃是奥运会最有创意的一环。奥运会圣火体现了人们从野蛮迈向文明的历程，突显了逐步完善的崇高过程。圣火的传递与点燃典礼是对奥林匹克运动仪式认同、文明规范的崇高敬仰，它彰显了体育、科技、智慧等的完美融合，驱动群体对团结、和平、正义的奥林匹克运动的向往。每一届奥运会主办国都会在圣火点燃方式上煞费苦心，力求使点火方式既能展现本民族的历史文化和主办国的国家力量，也能契合奥林匹克精神，成为奥林匹克运动历史上永恒的经典。通过对历届奥运会的圣火点燃方式演进过程的回顾，从国家政治诉求、科技发展推动、民族文化展示、奥运精神诠释等多角度分析创意多元的圣火点火方式，从而更好地、多角度地了解奥林匹克文化，更深地理解奥林匹克运动精神。

（二）冬奥会点火仪式对国家形象和文化的视觉形象设计

奥运圣火是国家力量、民族形象的展示平台。国家形象是一个综合体，在外、内部公众的主客观认知下，对国家的总体性评价和认定；也指他国民

众对本国本质及特征的感知、投射；代表他国民众对某国的总体性看法；指他国对本国的总体认知、情感与评价结构，由国内、国际两大群体评价；是国家的精、神、气与形式的统一体；是国内外受众对他国的综合述评及印象。市场营销学认为国家形象是一个国家的品牌，好的国家形象所呈现的品牌效应能促进就业，又能搭建政治枢纽；政治心理学认为国家形象涉及了解国家历史、意图、利益及权力等事件；心理学认为国家形象是维持政治秩序、公共政策的导向机理；传播学认为国家形象是在传播流态中所展现的投射形象；语言学认为国家形象是语言信息输入、输出的结果导向，是结构完整且明确的信息资本源。对于国家形象更多地体现在他国和本国民众对某国的总体认知与评价，是包括政治、经济、文化、军事、外交、教育、科技等的综合体。奥运会作为全球最大的体育盛会，其影响力不言而喻，其每一个仪式化的过程都是一种国家政治表达的诉求，这不仅仅是体育具有一种摄人心魄的力量，类战争形式为政治所钟爱，深层次的原因就是体育的巨大影响力。体育的全球影响力是体育政治化的附属存在，造就体育影响力的另一重要原因是体育的仪式化过程。奥运会的仪式，既要庄严隆重，又要遵循一定的礼节礼仪。运动员宣誓、奥运会开幕式、奥运圣火的传递与点燃等，既构成了奥运会主要内容，也是必不可少的节庆方式。每一届奥运会开幕式上的创意点火方式则是整个开幕式上最为闪亮的部分。时代变迁、科技保障的必然结果，一部奥运发展的历史同时也是一部时代变迁、科技发展的历史。综观历届奥运会的圣火创意点燃方式，必在高科技上下功夫，而高科技的运用往往又能很好地反映一个国家的实力。没有高科技的支持，再完美的点火创意也难以实现，历届奥运会上让人震撼的点火过程中，串烧的导火索、可升降的台子、在水中点火、射箭点火、空中漫步等都要有科技的保障。民族文化发展的多样性是必然目标。民族文化的出现是人类的一种存在方式，民族文化的创新和民族的发展有着密切联系，民族文化是全体人民在思想、语言领域内通过长期共同的努力，对创造了的民族文化并维持了民族文化生存的过程进行的描绘及赞颂。奥林匹克运动会的开幕式不是一个程序和简单的仪式，实际上它已经越来越成为主办国与主办城市向世界进行民族文化交流的重要窗口，是与世界进行文化对话的大好机会。为此主办国都会尽其所能把本民族优秀的特色文化在开幕式上展示。这也是创意圣火点燃方式的最终价值目标。

(三)北京冬奥会点火仪式的视觉形象设计

回望历届奥运会，历届主办国的主火炬设计创意、点燃方式都以民族文化、民族历史的元素来创造，没有哪一届奥运会把全部参赛国的名字放在主火炬中，而北京冬奥会做出了历史性转变，基于这个共同的主火炬，也正与北京奥运会“一起向未来”的口号紧紧相扣。这是北京冬奥会精心设计的，在每一朵雪花的舞动中，每一个国家及地区相聚在首都北京，将会成为一朵最璀璨的雪花。借助雪花的诠释融合，全部国家和地区的名称都在这里，这已经是最璀璨的火炬了，是一个群体共同拥有的主火炬。而北京冬奥会的火炬却是轻盈、浪漫的造型，在奥运会历史上从来没有过，这是历史首次。北京冬奥会火炬蕴涵两方面的寓意，一方面，主火炬是一个巨型“雪花”，而“大雪花”是由参赛各国的“小雪花”组成的，寓意全世界团结在一起；另一方面，以微火取代熊熊大火，寓意星星之火可以燎原，微火虽微却生生不息，火炬虽小但格局够大，而且明确传递出“低碳环保”的理念。这样的点火仪式，在百年奥运历史上是第一次，这既需要强大的文化自信，更需要敢为人先的勇气和魄力。

五、北京冬奥会闭幕式的整体形象设计

(一)北京冬奥会闭幕式致敬“双奥之城”的视觉形象设计

北京冬奥会的收视率远远高于历届冬奥会。在国外 NBC 集团旗下的数字平台上，北京冬奥会稳坐收视率第一。闭幕式上，第 25 届冬奥会举办国家意大利派出米兰、科尔蒂纳丹佩乔进行的“双城璧合 · 聚力联辉”的文艺表演，丰富了视觉传达设计环节。在“我和你，心连心，同住地球村……”的音乐中，北京冬奥会落下帷幕，童音唱响了 2018 年第 29 届中国北京夏季奥运会的主题曲《我和你》，悠扬悦耳的歌声响彻“鸟巢”上空，把人们的思绪带回到百年圆梦的 2008 年第 29 届中国北京夏季奥运会。回望“奥运三问”，致敬“双奥之城”等时刻，是奥林匹克梦想在中国的延续，更是百年奥运变局在中国的缩影。在北京冬奥会闭幕式上，一幅幅画面点亮了北京夜空，映照着前行之路。“双奥之城”的北京铸华章，世界人民携手向未来。

（二）北京冬奥会闭幕式上折柳寄情的视觉形象设计

北京冬奥会闭幕式上展现了2008年和2022年在北京鸟巢相逢的时刻。2008年第29届中国北京夏季奥运会，是我国初次和夏季奥运会携手，向全球彰显中华五千年博大精深、丰富多彩的历史文化底蕴和对全球的贡献。北京冬奥会着眼于未来，在开幕式、闭幕式上充分运用艺术手段来传递新时代人类一起向未来的理念。在闭幕式上，一群小朋友出现在舞台中间，她们拿着雪花灯，在灵动的音乐中，用绚烂的雪花灯与空中闪动的大雪花火炬互动交流，照亮了实地景观的“冬”字徽记。反过来，“折柳寄情”的温情时刻，一首《送别》之歌，一群人拿着闪光的柳条缓缓步入场地，走过的区域，微风轻拂，柳枝摇曳，来源于地球村的人们，怀抱着柳枝集聚在场地间，以中华民族传承千年的惜别怀远，折柳寄情，传送爱意。一首歌、一群人、一根柳条、一片绿荫、一起向未来，以中华民族承传上千年的方法呈现离别之情。

在五彩缤纷的色彩中，北京冬奥会闭幕式正式开启。开幕式上，二十四节气倒数，闭幕式上，十二生肖冰嬉，随着冰鞋滑过，无数红丝带从四面八方飞入鸟巢，将雪花火炬台装点成为巨大的中国结，象征着各国运动员，美美与共，欢聚一堂。

（三）北京冬奥会闭幕式上天下一家的视觉形象设计

开幕式迎客松相迎，闭幕式折柳枝相送。柳谐音留，折柳寄情，期待下一次相逢，这是中国给全世界的浪漫。鸟巢梦回2008年第29届中国北京夏季奥运会，主题曲《我和你》迷人的歌声再度传来，奥运五环在体育场馆中间冉冉升起，随之五环焰火再度升起，与五环烟花相映衬，归属于“双奥之城”的奥运记忆，中华民族会永远铭记于心。象征“世界大同，天下一家”的主题风格与奥林匹克精神紧密结合，体现了中国期待与全球一起同行的美好愿望。在北京冬奥会的主题歌《雪花》中主火炬缓缓熄灭，一片雪花的故事就此浪漫完结，这届冬奥会的重要人物“冰墩墩”终于下班了，“时光的河入海流，终于我们分头走”，感谢你一路的陪伴，一场盛会带来的欢声笑语与社会记忆。在鸟巢上空用烟花演绎的“天下一家”和英文“ONE WORLD ONE FAMILY”，蕴涵着“世界大同、天下一家”的主题表达和“更团结”的奥林匹克精神，为这届冬奥会画上了完美句点。

（四）北京冬奥会闭幕式上彰显国家形象的视觉形象设计

开、闭幕式上“冬梦”将中国书法艺术与冰雪运动完美结合，彰显了冬季运动的激情。赛场景观设计与中国山水长卷意境结合，选手和美景融为一体，这些“文化元素”展现了中国文化的魅力，也点亮了民族文化自信的底色。奥运科技美学与中国造型艺术的完美融合，建构着简约而不简单、空灵又壮观的视觉盛宴，呈现了各国的沟通和大同，就像一片片代表各国的“小雪花”最后聚合成的“世界大同”的“大雪花”。北京冬奥会的口号是“一起向未来”，开幕式体现的不是唯我独尊的“我”，而是更加包容的“世界的我们”。借着冬奥会舞台，我们在传递的是构建人类命运共同体的“中国倡议”。某种程度上，北京冬奥会和新冠肺炎疫情“清零”一样，都是在重塑全世界对“中国模式”的认知。中国所倡导的、期待的、为之努力的国际新秩序，正在逐步走向现实！

第二节　2002 年第 24 届中国北京冬奥会带给世界和中国赛事形象符号设计的启示

一、北京冬奥会带给世界赛事形象符号设计的启示

（一）北京冬奥会蕴含文化自信的视觉符号

因为文化的存在，体育具有更快、更高、更强、更团结的使命；因为体育的存在，文化呈现丰富多彩的内涵。北京冬奥会，全要素、创新性地向世界展示了中华文化的博大精深与独特魅力。奥运会是对过往的回顾，是对明天的信仰，从“双奥之城”到与春天的故事一同书写，奋斗的远方没有终点，山海远阔，未来已来。

一朵雪花，飘向鸟巢，见证了中国与冬奥会的“冰雪奇缘”，开幕式上从以二十四节气的形式倒计时、冰雪五环破冰，到“黄河之水天上来”的磅礴气势；从以熊猫为原型的吉祥物，到颁奖花束上的非遗技艺；从把《千里江山图》制作成赛场上的形象景观，到冬奥村里的中医诊疗；从迎客松，到送别柳……冬奥盛会上，中国文化元素大放异彩，“中国式浪漫”浸润人心，让不少人惊呼“世界可以永远相信中国美”。“中国风”托起“冬奥范”，一次又一次

惊艳世界，也释放着厚重的文化自信。北京冬奥会开幕式被这些“中国式浪漫”刷屏！中华民族文化在艰难的时候总是向往光明、追求希望。北京冬奥会开幕式与立春撞了满怀，这是与二十四节气的时空演绎。由小寒、大寒到立春的季节转变，彰显的是中华民族生生不息、永不停止的精神。

北京冬奥会开、闭幕式，冰球奥运健儿与影像冰球互动击打，冰球在视频空间中经过多次撞击后驱动更为激烈的雕刻，所有冰立方被雕刻成晶莹剔透的冰雪五环，这一过程被视为“破冰”。在中华民族文化中“破冰”有着打破彼此之间的隔阂、化解矛盾、猜忌、疏远的藩篱，走近对方、增加互相理解的寓意，这一创意来自低碳环保的理念。北京冬奥会主火炬的点燃方式本质就是“一叶知秋”。小火炬与小火苗的折射，突显了历经百年的奥林匹克精神，彰显了全球人民熊熊燃烧的激情与浪漫。“空明、浪漫、科技含量高、具有现代感”是北京冬奥会的缩影。“燕山雪花大如席”来形容北京冬奥会的开幕式，“一朵雪花”的故事贯穿整个北京冬奥会开幕式——从二十四节气倒计时短片、各国运动员参赛代表团引导牌、艺人服装、和平鸽放飞到北京冬奥会主火炬台，都有“雪花”的元素参与。

(二)北京冬奥会科技助力世界级赛事的传播

倘若把冬奥会记忆化作一个个数据，它已创造了奥运会新的历史。北京冬奥会的盛况在全世界将近有20亿人次观看，网络媒介转播内容总生产量达6 000小时。在奥运会历史上，北京冬奥会首次实现了奥运会赛事全程4K制作播出，在开幕式上则提供8K超高清公共信号，是数字媒体平台观看人数最多的一届冬奥会。曝光率折射出关注度，彰显着吸引力。这在很大程度上表明，北京冬奥会借助公共信号传递至全球各角落，激荡着人心，汇聚着力量。独具匠心的冬奥村、叹为观止的场馆、非凡卓越的组织工作……这是中国为全球奉上的一场体育盛宴，也开启了全球冰雪运动新时代，更进一步向全世界传递出“一起向未来”的鲜明信号。

(三)北京冬奥会国家为国际级赛事举办提供安全保障典范

面对新冠肺炎疫情全球蔓延与新型变异毒株不时出现的“双重夹击”，安全、成功举办冬奥会，是难题又是挑战。北京冬奥会，以非常成功的闭环管理，做到约0.01%的阳性率，被称赞为“全地球当中最安全的地方之一”。中国以实际行动和务实成果展示了中国强大的新冠肺炎疫情防控能力与治理能力。

中国能举办简约、安全、精彩的奥运盛会，背后有可靠的组织保障、强大的科技支撑、无私的医务人员、辛勤的志愿者们，以及每个环节、每个群体的团结协作。如今，中国克服新冠肺炎疫情的影响，兑现了对国际社会的郑重承诺，实现了北京冬奥会的圆满成功，给全世界交上了一份优异的防疫成绩单，提供了可资借鉴的防疫工作经验。这一了不起的成果，给全球战胜新冠肺炎疫情再次注入强大的信心。

总之，体育激励人奋进，奥运团结人向前。闭幕式上，运动员们互相拥抱的镜头，令人动容。无数奥运健儿带着敬意与尊重，在各自赛道上拼搏竞技，一次次挑战人类极限、实现自我超越、诠释体育精神。通过北京冬奥会的举办，中国再次向世界昭示了共同维护世界和平，以平等相待、相互尊重的初心，传递了对和平、团结、进步的美好追求，并身体力行地促进不同国家、不同文明、不同文化的交流互鉴，推动人类命运共同体的构建。虎年举办的北京冬奥会，带有力量、勇敢、无畏的力量。凭借这份力量，中国为世界献上了精彩、非凡、卓越的奥运盛会；凭借这份力量，奥运健儿们在五环旗帜下创造佳绩。这必定会载入史册！

二、北京冬奥会带给中国赛事形象符号设计的启示

(一)北京冬奥会奥运健儿带给中国赛事形象符号设计的启示

在展望中华民族伟大复兴的百年征程和面对世界百年未有之大变局，新时代跨越百年的奥运之路依旧绽放，北京冬奥会的举办让世人瞩目。奥运赛事是一场没有硝烟的隐形战场，而奥运健儿是这场战争的表演者和争夺者。奥运健儿作为国家代表出征，为此具有双重身份符号，小到个体形象，大到国家形象。奥运健儿在竞技运动中通过竞技运动变化和场上场下的社交互动，有意、无意地传递着国家理念、国家意识形态、国家核心价值观。通过媒介传播，人际编码、译码、释码的解读，奥运健儿身体符号形象在受众关联网络记忆模型下无形之中就定格了国家形象。在筹办北京冬奥会赛场上，中国奥运健儿敢于亮剑，敢于拼搏，十年如一日的勤奋练习，最终取得金牌榜第三的好成绩。

(二)北京冬奥会奥运推动产业高质量发展的中国赛事形象符号设计的启示

“申办2022年北京冬奥会，推动了我国冰雪运动的全面发展。”北京冬奥会的筹办推动了文化产业的发展。为此，主动建立以冬奥会为主题的文化产业，诸如设立展览馆、开发冬奥会产品等，进而丰富人们的精神文化生活，真正传递理解、友谊、团结和公平竞争的奥林匹克精神。例如，北京冬奥组织委员会全面考虑北京冬奥会遗产的运营，实施了冬奥遗产战略计划，从体育、经济、文化、城市发展等方面规划、创造和运用冬奥遗产，善用冬奥品牌和冬奥遗产，促进相关产业产品的需求。冬奥会也为体育产业与其他产业交叉融合提供了很好的合作机会。推动体育跨界产业融合，体育与科技、体育与旅游、体育与服务的融合，不断培育新兴产业。“体育+”的理念可以诞生出新的产业、新的经济增长点。“体育+旅游”，以冬奥会为主题，开发冬奥会旅游品牌和线路，不仅能延续人们对冬奥会的热情，还带动了相关旅游业的发展。“体育+商品”，开发冬奥会品牌服装、设施、体育器材，无疑增加了相关商品的宣传力度，刺激了消费需求。“体育+科技”，为科技服务实体产业，科技转化生产力提供了一条有效的路径。“体育+服务”，为与体育相关的商务服务、医疗服务、通信服务、交通服务等产业提供了新的发展机会。这些交叉融合产业的发展，可以缓解中国就业不足的问题，吸引越来越多的人从事与体育相关的事业，从而增加就业，刺激内需，带动经济发展。

(三)北京冬奥会对建构国家形象的中国赛事形象符号设计的启示

北京冬奥会是在中国共产党建党百年之后，是在第一个百年奋斗目标实现，第二个百年奋斗目标进军的历程之初举办的，其作为历史节点上的标志性事件，具有特殊的历史意义。北京冬奥会的筹办是在鸦片战争之后，实现从站起来、富起来、强起来的历史脉络下进行的，北京冬奥会本身正是“强起来”的表现。普及冰雪运动，增进全民健康与实现“两个一百年”奋斗目标是一致的。冰雪运动的全民普及，是现代化议程中的一部分，是一个国家现代化程度的重要标志。在大体育观的视野下，实现第二个百年奋斗目标需要奋斗精神，而奥林匹克精神的灵魂就是奋斗精神。中国运动员所展示的奋斗精神将成为实现第二个百年奋斗目标的精神激励，这就像当年女排的拼搏精神一样。而这也是中国一直以来的传统，即“发展体育运动，增强人民体质”，从奥运会的历史，尤其是现代奥林匹克运动的发起人顾拜旦为何要复兴奥运会的出发点，就可以更深地理解冬奥会与“强起来”的关系。北京冬奥会可以增强实现民族伟大复兴的信心，也给全球展现了富强、开放、充满希望的中国形象。

（四）北京冬奥会秉持守正创新带给中国赛事形象符号设计的启示

为了防止新冠肺炎疫情的扩散，冬奥会的各个场馆都配备了消毒机器人，只要它在场馆里走一圈，就可以对场馆进行全面消杀；还配备了可爱的创可贴体温计，体型虽小，却是最精准的可穿戴式智能测温设备，精确度可达0.05摄氏度，只需贴在机体皮肤表面，实时体温便会同步并自动上报。冬奥会许多重要的项目都在冰面上举行，环保作为举办冬奥会最重要的理念，工作团队在制冰时运用了最先进的二氧化碳制冰技术。北京冬奥会的黑科技更是保证了比赛的公平。如速度滑冰赛道上安装的跟踪摄像头，选手的一举一动都会被高清摄像头记录下来。再加上5G信号的覆盖和8K技术的运用将赛况实时转播到世界观众面前，让观众看到运动员的每一个高光时刻。数字孪生，在一个虚拟世界中，创造出一个与现实世界一模一样的东西。在北京冬奥会中，这项技术被应用出了新高度。在各国运动员没有入住奥运村之前，他们就已经通过数字模型选好了自己喜欢的房间。而奥运转播团队在比赛开始之前，也不用反复去各个场地选择合适的机位，可以直接在虚拟世界里就模拟拍摄角度，看到实际拍摄效果，提前确定好机位。通过这一技术还可以提前模拟冬奥会中电力、交通、人流分布情况，天气监测数据等，提前排除隐患，防患于未然，做出最佳应急方案并且改进。

（五）北京冬奥会突显社会主义制度优越性对中国赛事形象符号设计的启示

北京冬奥会是历史节点上的象征性事件，是展现国家形象、振奋民族精神的巨大契机。冬奥会是国家主体性、民族主体性、文化主体性的展示，其全方位显示出我国的制度优势、科技优势，还有中国文化底蕴。冬奥会是体育的盛会，也是文明交流、互鉴的盛会。面对新冠肺炎疫情，我国在成功的抗疫中充分展示了中国制度的优越性，冬奥会同样显示了这点。在新冠肺炎疫情还在蔓延之际，中国将所有场馆建设提前一年完成，并如期举办冬奥会，显示了中国对于世界的承诺。北京冬奥会全过程闭环管理，将保护各国运动员的安全放在优先考虑的位置，把疫情风险降到最低，显示出中国对运动员安全高度负责的责任感。在冬奥会全过程闭环管理中，大量的人工智能、数字技术、硬科技在运用中自然得到展示。中国在保证“安全”的同时，致力于呈现一届“精彩”的冬奥会，为此，冬奥会还保证现场有相当数量的观众。目前，新冠肺炎疫情在世界上依然猖獗，而中国却能高度有效地防控，各国运动员可以完全没有后顾之忧地致力于运动场上的卓越竞争，这显示了世界各国运动员对于中国的信任与信心。这种对于中国防控疫情的信任与信心，目前在全世界可谓是独一无二的。北京冬奥会的圆满举办，也向世界展示了中国智慧、中国实践与中国方案。

第三节　2022 年第 24 届中国北京冬奥会对中国国家形象的建构

一、中国道路对国家形象的彰显

(一)中国共产党对中国特色社会主义道路的领导

中国式现代化道路由中国共产党发轫、领导、带领，在中国共产党领导下走向光明。共产党带领中国人民在不到百年的历程中解决了挨打、挨饿、挨骂的 3 大难题，中国人民取得的巨大进步就是对世界进步事业的贡献。中国式现代化道路的形象建构，就是要坚持不断升华中国共产党人民公仆的形象，以人民为中心的事业，为国家富强、人民幸福而不断奋斗。中国式现代化道路的形象建构，就是要坚持先锋队的思想，不断升华中国共产党时代先锋的形象，始终走在时代前列，不断带领中国人民战胜各种艰难险阻，不断取得伟大胜利。中国式现代化道路的形象建构，就是要坚持和平与进步的思想，不断升华中国共产党民族脊梁的形象，在维护中华民族独立自由的基础上，努力构建人类命运共同体。道路走得好，归根结底在于制度好。当今时代，中国共产党领导的中国特色社会主义制度战疫情、克洪涝、振经济、提民生，在世界现代化的进程中不断塑造中国式现代化道路的崭新形象。

(二)媒介传播中国故事，输出中国声音对中国道路的塑造

当今世界，霸权主义、贸易保护主义有所抬头，世界各国的现代化道路显示出不同的特征。媒体如何通过精准化、个性化的传播，针对不同国家、不同地域的文化、宗教、体制等差别，运用国外读者乐于接受的形式、方式方法，易于理解的语言来进行传播，实现中国立场、世界表达，还需要理念和方法上的不断革新。形象建构作为投射在不同群体心目中的特征，需要稳定性的描写，媒体是其中重要的环节。随着全球化的持续加深，如何在世界舆论场中传播中国式现代化道路，面临着更加深刻复杂的挑战。中国式现代化道路注重人的全面自由发展，注重实现共同富裕。中国式现代化新道路不仅是中国特色社会主义的要求，也符合全人类共同价值的要求。从媒体的角度看，中国式现代化道路有丰富的素材可以挖掘，有丰富的故事可以讲给世界人民听。媒体传播输出要讲好中国故事，传播好中国声音，向全球人民展现真实、立体、多元化、全面的中国式现代化道路。中国式现代化道路在新时代最吸引人的声音，是要世界人民知道中国共产党为什么能、社会主义怎样好、马克思主义为什么行的问题。为此，媒体平台要积极主动传播中国特色社会主义思想，深度挖掘共产党为人民服务的故事、我国人民群众人生出彩的故事、中国始终坚持全球人类命运共同体的故事，让全球人民更好了解中国式现代化新道路。

二、传播媒介对国家形象的输出

(一)善用媒介平台对国家形象的传播塑造

通过北京冬奥会的筹办，我国要积极传播中华民族文化，弘扬中华体育精神，开展国际间体育合作交流，促进与全球各国的文明交流、民心相通。为实现这一目标，北京冬奥会要积极输出中国形象。

首先，善用四全媒体平台，扩大冬奥之声传播力。新媒体技术催生的多渠道网络生产者构成了北京冬奥会国际传播的新生力量，善用四全媒体平台，将有助于中国文化在全球范围的传播与文化认同。平昌冬奥会举办之时，5G传输和4K转播正处于起步状态。但从东京奥运会的情况看，5G和4K技术的应用已经成熟，需要进一步拓展。我国进一步发挥媒体深度融合的传播优势，充分发挥先进信息传播技术优势，借助北京冬奥会契机，广泛设置传播议题、

主动搭建传播平台、畅通国际传播渠道，站在利益交汇点、话语共同点和情感共鸣点之上，提升主流媒体的公信力和传播力，用海外受众乐于接受的方式和通俗易懂的语言，更好地塑造和传播中国形象。例如，中国与世界研究院共同开发北京冬奥会赛事多语种服务平台，利用5G、跨模态搜索、人工智能等技术，实现北京冬奥会赛事与民族文化传播的多语种切换。

其次，激发多元主体叙事，增进冬奥之美感召力。现阶段，通过政府、学术机构、智库、媒体机构等多方努力，我国国家形象国际传播已取得了显著进步，但仍有较大的提升空间。在主流媒体作为国际传播国家队的同时，国际传播的多元力量，特别是民众作为主体的传播力量仍需进一步激活，增强国际传播的亲和力，更好地唤起全球民众的共鸣与认同。

(二)巧用国际媒介议题设置塑造国家形象

众所周知，国际奥委会是全球影响力最大的非政府体育机构，奥林匹克精神、奥林匹克主义的传播也力图塑造人类文明的最大价值公约数，通过奥运会平台的国际传播可以将体育赛事的宏阔性、文化展示的互联互通与国家形象的潜移默化特点融合在一起。因此，要发挥北京冬奥会所具有的民间国际传播的重要属性和独特优势，巧用多元主体，特别是普通个体的叙事，关注人物的情绪和情感，与宏大叙事相协调呼应，实现情感共振和共情表达，讲好冬奥的人本故事，建构融通中外的民间话语体系。打通国内外舆论场，提升冬奥之强影响力。美国文化研究的主要代表人物詹姆斯·凯瑞(James Carey)曾说："传播意义构建的终极目的就是实现共享价值。"国际体育赛事的全球传播需要国内与国际新闻媒体、通讯社的通力合作，特别是2019年4月，新华社与美联社、路透社、法新社一道成为被国际奥委会认可的国际通讯社。在东京奥运会上，新华社与其他3家通讯社及盖蒂图片社一同加入国际奥林匹克摄影队。这为中国媒体与国际知名媒体之间建立对话机制、积极主动地进行沟通、定期开展合作等创造了条件，为搭建具有国际战略意义的传播框架迈出了重要一步。在北京冬奥会期间，可以邀约全球知名媒体机构共同进行意义生产，以主流媒体的主动议题设置为先导，加之社会化媒体的多元协作力量，打通国内外舆论场，从而引导国际舆论，消解国外民众对中国固有的刻板印象，有效地展现出中国可亲可爱的正面形象，夯实中国文化软实力。

(三)北京冬奥会媒介技术的守正创新塑造国家形象

北京冬奥会的可持续性转变，打通了环保理念。北京体育馆“水立方”转换为“冰立方”、分钟级精准气象预报、5G 数据信号遮盖全部体育场馆、8K 画面实时传输等。在北京冬奥会筹办上科技冬奥是办奥主流，是彰显中国综合国力的重平台。挖掘北京冬奥会高科技的幕后故事、幕后英雄，传播北京冬奥会工作者在科技冬奥中的拼搏、奉献、守正创新等精神，这是推广冬奥会知识、冰雪运动知识的一种新模式。运用数字沉浸时空仓将智能装备与数字内容紧密结合，用数字复原技术展现奥运源点、科技冬奥、北京优秀文化遗产、中华文明精神标识等主题内容，是科技冬奥与冬奥文化在内容、形式上的完美结合，彰显科技冬奥的魅力，予历史以未来的主张。在 AI 交互、VR 视频体验区，戴上 VR 头盔，可以身临其境感受“雪如意”的壮观，不但可以了解雪如意的建造过程、欣赏场馆的建筑细节，360 度沉浸式体验“雪如意”依山而建的磅礴大气，还可以深度体验跳台滑雪时飞起来的感觉。360 度沉浸式影院是数字沉浸时空仓的最大亮点，在一键中控下实现自由切换播放的效果，时空仓外部集成了 AI 交互、VR 视频等一系列可交互体验设备，总体看来，它就是一座流动的集成式数字博物馆。在北京冬奥会的编码、译码、释码中传播冬奥会赛事，从而输出中国形象。

三、文化自信对国家形象的表达

(一)坚定文化自信对国家形象的塑造

坚定文化自信，突显国家形象，关键是塑造价值观自信，拓展主流价值观的影响力。民族文化输出的核心是价值观，文化输出的影响力首先是价值观念的驱动。在国家形象塑造中，民族核心价值观是最具民族特色，也是最能打动人心和赢得尊重的元素。在当今社会，中国应当有这样的价值观念自信。这种文化自信来源于中国厚重的文化底蕴、人民的历史创造，这种文化自信渗透于中国的道路、理论、制度、文化自信之中。在坚定民族文化自信中彰显国家形象，就需要把当今中国主流价值观引向全球，用主流价值观的传播力、知名度来正确引导中国国家形象的传播力、知名度。当然人民也要看到，当今世界各种民族的思想文化相互冲击，树立民族价值观自信需要破除对西方价值观的沉迷和盲目从众，规避以西为尊、以西为美、唯西是从的现实心态，反对去思想化、去历史化、“去中国化”、去价值化、去主流化的做法。只有这样，中华民族才能以自信、自强的姿态矗立于世界民族之林。

(二)中华民族文化对国家形象的塑造

中国是爱好和平的文明国度，在中华优秀传统文化当中讲仁爱、重民本、守诚信、尚和合的价值观蕴藏着纾解目前人类面临的难题的重要启示，也在全球的文明进程中树立了良好形象。在新时代中国式现代化道路中，共产党始终是中华优秀传统文化的引领者及践行者，在坚持马克思主义基本观点和方法的基础上，对于中华优秀传统文化，要做到推陈出新，古为今用，全方面做到以文化人、以文育人。世界文明因多样而交流，因交流而互鉴，因互鉴而更好发展。中国式现代化道路积极吸收借鉴世界上其他文明的一切优秀成果，以海纳百川的胸怀和气魄，在世界文明的发展中创造了人类文明新形态。在中国共产党的带领下新时代中国式现代化道路与人类文明新形态呈现了美好前景，正因为华夏民族人民选择的中国式现代化新道路取得的巨大成就，才能够产生人类文明新形态，才能让中华文明在世界文明体系中焕发出新的生机和活力。文明是形象，人类文明新形态符合当前世界和平、发展、合作、共赢的潮流，是中国式现代化道路形象建构的重要目的。中国式现代化道路打破了西方现代化道路国强必霸的逻辑，打破了国际上一些国家在现代化道路认识上根深蒂固的偏见，是中国人民对于走自身发展道路的自信和自觉，也在全世界树立了良好形象。

(三)民族文化与冬奥文化的耦合机制

文化如水，浸润无声。北京冬奥会通过发掘中国文化与奥林匹克文化之间的内在契合点，以符号提炼、物质表达和全球传播，将中国特色元素、中国民族精神和中国传统智慧融于自然、融于冬奥、融于世界，实现了以德服人、以礼服人、以文服人，增强了民族、国家间的情感认同，体现了“世界大同，天下一家”的价值导向。北京冬奥会对中国特色元素的运用，形成了引人注目的中国风格，使冬奥会成为展示中国文化独特魅力的重要窗口。如有两千多年历史的二十四节气，国宝大熊猫元素，如意、飞天等传统元素，书法、篆刻、印章等传统艺术，生生不息、天地和合的传统哲学理念等，这些都被糅合进开幕式的浪漫表演中，融入冬奥赛事场馆建设中，融入冬奥会的细节展示中。无论是冬奥会会徽、体育图标等的开发，还是冬奥会吉祥物、火炬、奖牌等的设计；无论是水墨风格的礼仪服饰，还是非物质文化遗产的颁奖花束，中国特色元素都得到了细致入微的全景式展现，并被提炼为冬奥会的视觉化符号。由中国特色元素所提炼的文化符号既体现了中国的文化审美和精神气质，也具有唤醒民族记忆、传播民族精神、凝聚民族共识的功能，还为全世界理解中国提供了共同的意义空间，让中国文化能够跨越不同文明的隔阂与障碍。

四、新冠肺炎疫情防控对国家形象的塑造

(一)中国对待新冠肺炎疫情防控的主张对国家形象的塑造

新冠肺炎疫情是全人类的共同敌人，对此中华民族将生命至上与人民至上作为抗疫的人心所在。在突如其来的新冠肺炎疫情形势下，一些西方国家没有意识到疫情的致命性，也没认识到全球抗疫的重要性，反而声称全体免疫，推脱责任，恶意指责他国抗疫，无根据猜忌病毒的来源地。这一做法阻碍了全球抗疫的步伐，一定程度上耽误了疫情的控制。而中国对待新冠肺炎疫情防控的主张也赢得了世界人民的认可，是世界捐赠新冠肺炎疫苗最多的国家。人道主义理念对国家形象的树立，对北京冬奥会的召开铺平了前方之路。奥林匹克休战决议的通过，对北京冬奥会举办的纯洁冰雪、激情约会踏出坚实一步。中国对新冠肺炎疫情的治理与救助是史无前例的，也是其他国家望尘莫及的。倡议援助公共卫生基础薄弱的发展中国家，从而提高应对新冠肺炎疫情能力，一起发出共同佑护人类共同的地球家园时代之音。国家形象在新冠肺炎疫情下的投射，使北京冬奥会的举办将瓦解西方国家歪曲的误论，夯实国家形象。新冠肺炎疫情对北京冬奥会的召开富有战略意义，新冠肺炎疫情之下树立负责任的大国形象，为全球防疫塑造了楷模。

(二)新冠肺炎疫情下以人为中心的理念对国家形象的塑造

在新冠肺炎疫情面前，中国人民生活平稳有序，社会经济保持平稳发展，在这场大考中取得了不错的成绩，让世界见证了中国力量。“以人为本”的新冠肺炎疫情防控政策，让北京冬奥会赛事举办得更精彩，让社会运行得更平稳，也让观赛体验更优质。“以赛事为核心，以运动员为中心”的办赛理念与精心做好新冠肺炎疫情防控相结合，成功的防疫成就了精彩的奥运。闭环管理，筑牢防控之墙，面对疫情压力，保障冬奥会参赛各方人员健康、安全成

为重中之重。北京冬奥会严格执行《防疫手册》，采取严格的闭环管理政策，闭环内外独立运行，筑牢疫情防控之墙，保障冬奥会和社会全面安全、平稳运行。举措精细，打造安心体验，服务人性化的北京冬奥会模式。北京冬奥会期间，闭环内各大场馆入口、运动员通道、电梯间、媒体工作间、餐厅等随处可见感应式消毒装置，随时伸手即可瞬间完成手部消毒。同时，专业消杀人员定期对场馆各个角落进行样本采集与消杀。人们曾担忧，在餐厅一起吃饭会出现感染病毒的风险。但实际上，在饭店里，每个人有洗手消毒、杀菌、佩戴口罩而分离出来的室内空间，到哪里都感觉是安全的。服务周到，彰显人文关怀，在全球新冠肺炎疫情下，我国政府和中华人民为全球的运动员给予了热情的接待，为运动员们构建了展现自身的竞技舞台。运动员们十分高兴，对体育场馆设备、北京奥运村、闭环控制内的安全防护情况也特别满意。此外，北京冬奥会的奥运会氛围在历年赛事中也更为深厚。

(三)新冠肺炎疫情抵挡不住奥运健儿的梦想

巴赫说道："北京冬奥会的举办非常成功，是新冠肺炎疫情下举办的一次伟大的冬奥会。"在北京冬奥会的两周赛会中，奥运健儿们展现出了非常高的竞技水平，在赛场上，各国运动员之间表现出来的欢乐、友谊，是奥林匹克精神的充分体现。中国通过北京冬奥会对冰雪运动的推动，为全球冰雪运动开拓了一个全新的世界，而此次冬奥会期间的各项科技技术为未来赛事组织和呈现提供了坚实的基础。中国奥运健儿在中华体育精神的引领下，以"为国争光、无私奉献、科学求实、遵纪守法、团结协作、顽强拼搏"为己任，积极备战北京冬奥会。为此，北京冬奥会中国奥运健儿代表队收获 9 金、4 银、2 铜，位列奖牌榜第三，无论是金牌还是奖牌数都突破历史新高。如第一次进入冬奥会的自由式滑雪女子大跳台，谷爱凌为中国队拿下一枚宝贵的金牌。当人们都在感叹谷爱凌的天赋异禀时，却鲜有人知，在雪上训练时，她能一连好几个小时不吃不喝。北京冬奥会上，中国奥运健儿们，一次次突破自我，创造历史最佳。在新冠肺炎疫情防控的常态化影响下，中国举办了一场简约、安全、精彩的冬奥会。巴赫将奥林匹克杯授予中国人民是最好的诠释。

第七章　2022 年第 24 届中国北京冬奥会的遗产与展望

第一节　2022 年第 24 届中国北京冬奥会的遗产研究

一、城市发展遗产研究

（一）北京冬奥会推动城市公共服务发展

北京已成为奥运会历史上首座“双奥之城”。2008 年第 29 届中国北京夏季奥运会推动了奥运文化在我国的快速传播，给我国带来了宝贵的奥运遗产，在奥运会顺利举办后北京得到了快速发展。冬奥会申办成功以来，北京各有关部门合理、有效地利用 2008 年第 29 届中国北京夏季奥运会遗产，全面推动冰雪运动的普及和全民冰雪健身发展，不断改善城市生态环境，升级基础设施，提升公共服务和城市管理水平，引领社会文明进步，“双奥之城”开启新征程。“双奥”促进了基础设施建设，提升了公共服务水平。北京冬奥会的举办为相关地区带来了红利，如北京交通管理体系加速完善，基本上建立了京、津、冀中心城市 1 小时交通出行圈，周边城市 1.5 小时交通出行圈。北京市布局 5G 技术、工业互联网、自动驾驶、区块链等新技术带动智慧城市发展，切实提升市政基础设施和公共服务水平，民生福祉进一步提升。北京冬奥会的申办推动各地区形成联动发展趋势，加快发展特色体育文化旅游项目。北京冬奥会的筹办让全国人民感受到了奥林匹克运动所带来的多元价值，冬奥会的遗产将惠及人民生活。

最美冬奥城——延庆也不甘落伍，冬奥会的筹办加快了延庆交通基础设施建设，京礼高速、京张高铁的通车实现了交通质的飞跃。延庆市政基础设施也有了突飞猛进的发展，水、电、气、热的建设既满足冬奥会需求，也将服务于延庆区域发展。就业、医疗、文化、教育等公共服务显著改善。

北京冬奥会的筹办也完善了张家口基础设施的建设，推动张家口步入高铁时代，交通网络的形成打造了区域交通枢纽中心。一批输变电项目、水资源项目既保障了冬奥会的筹办需求和人民的生活需要，又为产业发展和新能源项目建设提供了重要支撑，已建成的 1 363 个 5G 基站服务于智慧张家口建设。此外，张家口提升民生保障能力，决战决胜脱贫攻坚。其将冬奥会的筹办与民生保障紧密结合，截至 2020 年，城乡居民人均可支配收入显著提升，全市基本医疗保险覆盖 402 万人。同时，张家口还深入开展城乡环境清理，并获评国家卫生城市的城号。

(二)北京冬奥会的奥运元素融入城市发展

“双奥”促进奥运元素融入城市发展，这是塑造城市新名片的窗户。北京冬奥会的办赛理念与城市长远发展目标高度契合，奥林匹克精神全面融入城市发展。“双奥”大幅改善生态环境，推动宜居之都建设。两次奥运会的筹办，加快了生态环境建设；秉持“绿色办奥”理念，加速了产业结构绿色转型，加强了京、津、冀协同防控，大气、绿化治理取得显著成效。延庆赛区坚持生态先行原则，最大限度地降低对生态环境的破坏，让冰雪带动绿色产业，使全域旅游成效显著。北京冬奥会的筹办推动了延庆冰雪产业及其他绿色产业发展，其体育科技创新园已吸引 40 多家体育科技企业入驻，无人机等产业园快速发展。

(三)北京冬奥会助力全民健身事业发展

“双奥”的申办持续带动了北京的经济发展和基础设施及环境的改善，调动了人们参与体育锻炼的积极性，助力全民健身事业发展。奥运场馆持续发挥经济效益和社会效益，成为北京城市新地标。同时，“双奥之城”已然成为北京国际交往的新名片。奥林匹克精神也已成为城市精神的重要内容。2008 年第 29 届中国北京夏季奥运会的举办，促进了奥林匹克文化在我国的传播与普及，形成了北京奥运精神，完善了中华民族精神谱系。为此，北京连续举办 6 届奥林匹克文化节，累计参与人数超过 1 000 万人次，为广大市民提供了广泛参与奥运、了解奥运、分享奥运的机会；开展了奥运史上规模最大、普及人数最多的奥林匹克教育活动，累计 400 多万青少年参与。2008 年第 29 届中国北京夏季奥运会留下了大量奥运遗产，在赛后对广大群众开放，成为群众运动健身、休闲娱乐的重要区域，也有力支撑了区域发展，使举办城市获得很好的社会经济效益。北京奥林匹克公园集鸟巢、水立方、国际会议中心、奥林匹克森林公园、观光酒店及大型地下商业街为一体，形成多场馆、多形态的文化体育设施集中区，成为国际体育文化交流的重要区域。自面向社会开放运营到 2020 年底，鸟巢、水立方接待超 6 200 万人次，筹办各类活动 3 500 余场次。

在北京冬奥会的驱动下，冰雪运动在延庆发展快速。举办 77 场冬奥知识讲堂、22 次科学冰雪健身讲堂，近 10 000 人进行学习；开展近 20 项全球性冰雪活动；开展滑雪类培训和认证工作，通过学习有 306 人获得冰雪类从业资格证书。

张家口因北京冬奥会的举办而吸引了世界人民的眼球。借势冬奥会蓄力腾飞，冰雪运动落地生根。在筹办冬奥会的带动下，张家口冰雪运动蓬勃发展，冰场、雪场达 29 个，2020—2021 年参与冰雪运动人次破 500 万。张家口借助北京冬奥会不断加速冰雪产业发展，绿色产业融合发展；加速推动冰雪装备产业发展，文化旅游、新能源、数字技术、冰雪康养等得到快速发展，地表水水质和水源地水质达标率 100%。其对永定河流域实施生态补水 6. 5 亿立方米，助推永定河北京段时隔 25 年实现全线通水；不断加快植树造林，森林覆盖率达到 50%。张家口冰雪产业快速发展，装备制造落地生根，城市环境、基础设施、公共服务全面改善提升，交出了筹办好北京冬奥会和带动本地发展的优异答卷。

(四) 北京冬奥会推动冰雪文化进校的全面发展

北京冬奥会培育运动氛围，冰雪运动势头正猛。北京冬奥会的筹办推进了冰雪运动进校园的步伐，为此，各地区积极主动举办青少年冰雪赛事，持续打造滑雪、花样滑冰等赛事。在筹办北京冬奥会的影响下，延庆的冰雪基础设施不断完善，带动了更多的人参与冰雪运动，2016—2020 年冰雪运动参与人数达 13 万余人次，具备滑雪滑冰基本技能的中小学生达 2. 6 万余人，占学生总数的 86%。同时加快把冬季奥林匹克文化教育列入体育教育教学的步伐，为此，根据课程内容设计冰雪主题活动、校本课程综合实践课程等，普及冰雪运动和冬奥会文化知识。高校区的奥运场馆被用作大学生体育文化运动中心，满足了在校学生和周边社区青少年参加体育运动、开展文化娱乐活动的现实诉求，成为学校体育教学、运动训练、竞技体育比赛、文化艺术活动的重要场所。

二、环境发展遗产研究

(一)北京冬奥会推广普及可持续理念

环境遗产是北京冬奥会遗产的重要部分。北京冬奥会的筹办，全面推动了区域生态环境质量再上新台阶。北京冬奥会环境遗产主要包括生态环境的保护与持续改善、低碳奥运的措施与机制、可持续性管理的政策与体系等方面。基于北京冬奥会在全社会推广普及可持续理念，施行可持续措施，实现北京冬奥会筹办全过程、多领域的可持续性融入和管理，为规范国际大型活动管理提供了保障。例如，制定《北京 2022 年冬奥会和冬残奥会可持续性计划》，出台“可持续·向未来”的可持续性发展愿景，实现了地区可持续发展的目标，涉及区域新发展、环境正影响、生活更美好等方面。持续开展各类教育和宣传活动，不仅强化了公众对于冬奥会项目运作可持续参与，更为重要的是促进了全社会可持续发展意识的提升。深入人心的绿色、低碳可持续发展理念，形成了冬奥会可持续发展方面最为宝贵的社会遗产和财富。北京冬奥会的举办高度重视可持续性工作，通过建立“三标合一”的可持续性管理体系、扎实推进奥运体育竞技场馆可持续性管理、全过程可持续采购、可持续性宣传教育，北京冬奥会的可持续性工作取得诸多创新和突破，可持续措施广泛应用，可持续理念深入普及。

(二)北京冬奥会推动生态环境治理成效显著

北京冬奥会申办成功以来，我国通过优化产业结构，推进产业绿色可持续性发展，严控“两高”行业的产能，深化污染治理，积极培育绿色产业，全面调整能源比例，全面推广清洁能源，完善运输结构，进行绿色交通体系建设，调整用地结构，全面推进污染治理，在各行业实施重大专项行动，大幅度降低污染排放。首先，不断加大绿化造林力度，扩展自然保护空间，提升森林资源质量。如北京和张家口空气中细颗粒物($PM_{2.5}$)平均浓度下降到 33 微克/立方米和 23 微克/立方米。其次，低碳奥运建设取得创新突破，奥运会上首次使用最清洁低碳的二氧化碳作为制冷剂。

(三)北京冬奥会构建绿色低碳向未来

为做好场馆低碳管理工作，北京奥组委进行低碳场馆工作顶层设计，细化并明确场馆低碳管理的各项具体要求，在各相关方的配合下优先利用现有场馆办赛，减少新建场馆、推动场馆建设满足绿色建筑标准、采用二氧化碳制冷、建设超低能耗工程、采取源头控制和循环利用材料、加强运行能耗和碳排放智能化管理、节蓄并举实现水资源高效利用，多措并举进行低碳场馆节能示范。如在造雪用水管理方面，采用智能化造雪系统，实现水资源的精准配置，提高资源利用率。为此，留下了诸多长期造福主办城市和地区的遗产成果。同时，北京对中小学生实施奥林匹克教育计划，举办以“冬奥”“绿色”“低碳”为主题的系列活动；在社会组织实施“绿色家园·绿色奥运”公众参与行动，在全社会营造低碳奥运氛围，大力倡导各类绿色出行方式。北京和张家口通过公交、地铁、骑行等方式绿色出行已蔚然成风。北京冬奥会按照国家对绿色举办冬奥会的战略指导，积极践行奥林匹克理念及联合国发布的《2030 年可持续发展议程》。

我国在举办冬奥会的历程上坚持走绿色、低碳、可持续发展之路，经过申奥以来的筹办工作体系，已形成诸多冬奥会环境遗产。

三、经济发展遗产研究

(一)北京冬奥会推动冰雪产业高质量发展

北京申办 2022 年冬奥会，这一行为带动了国家、主办城市等的社会经济发展，推动了社会经济增长，而也是奥运会的一个重要功能。北京冬奥会申办成功以来，我国冰雪运动基础设施场地建设不断加速完善，冰雪运动在我国得到了快速普及，以满足群众冰雪健身需求为出发点，有力带动了中国冰雪产业的高质量发展，基本建立了以冰雪运动健身休闲娱乐为主导，装备制造业、赛事演出、体育场馆服务项目、健身运动、度假旅游、冰雪展览会等多业协作发展趋势的产业布局。为了确保冬奥会整体规划的成功推进，一批环境、交通及公共服务基础设施的建设逐步完善，也促进了冰雪产业的发展。

冰雪产业的发展离不开旅游业的营销，申奥以来冰雪旅游逐渐成为新的消费热点。为此，在北京申办冬奥会的契机下，持续推进“北冰南展西扩东进”的战略规划，推动相关产业的良好发展，也推动广大群众参与冰雪运动的伟大目标，从而促进冰雪旅游、冰雪产业形成合理的空间布局。在一系列政策的推动下，冰雪旅游业进入了快速增长期，旅游人数和旅游收入大幅度增加，冰雪旅游企业数和投资数不断扩大，冰雪度假区和冰雪小镇蓬勃发展。参与冰雪运动的人数持续增长，市场潜能不断激发，冰雪产业迎来快速发展期。2020—2021 年冰雪旅游人数 2. 3 亿人次，实现 3 900 亿元收入。同时，国内冰雪装备市场投资力度逐渐加大，冰雪装备器材产业园区建设稳步推进，研发设计、生产制造、示范应用的产业集群效应逐步增强。2019 年以来，全国各地在建及拟建的冰雪装备器材产业园区及小镇接近 20 个，为此，全方位、多元化支撑了主办城市及各区域的经济高质量发展，为城市的发展留下了雄厚的冬奥会技术性遗产，为赛后相关领域技术产业实现可持续发展提供了支撑。

(二) 北京冬奥会促进冰雪运动设施的建设

“冰天雪地也是金山银山”的发展理念，为冰雪产业可持续发展指明了方向。北京申办冬奥会成功以来，伴随着冰雪运动的快速普及，以满足人民群众冰雪运动健身需求为立足点，大力推动冰雪运动基础设施建设，加速冰雪运动健身休闲娱乐产业的发展，推动冰雪产业与度假旅游、展会等有关产业的融合发展，不断扩大冰雪产业经营规模，优化冰雪产业结构，初步形成了比较完善的有特色的中国冰雪产业体系。为促进冰雪运动快速普及发展，在国家的高度战略下实行中央补贴一批、政府投入建设一批、体育场馆改造一批的三层联动开发机制。2020 年初，全国已建成 654 块标准冰场，为冰雪赛事的开展提供了场地保障。为了打造自主 IP 冰雪赛事，国家还积极引进国际高水平冰雪赛事。

(三) 北京冬奥会科技助力可持续性发展

为提升冬奥会办赛水平，国家从筹办起就实施以科技赋能冬奥会的战略定位。以科学办赛、智慧观赛、安全保障、运动科技、绿色智慧的科学技术来举办一届“简约、安全、精彩”的冬奥会。为此，相关部门积极启动专项资金，围绕场馆、安保、医疗、气象、交通、转播等关键场景，进行多种新技术创新。

(1) 精准气象预报系统，着眼于为天气情况精准“把脉”。

(2) 场馆仿真系统，让远程考察场馆“触手可及”，通过构建场馆可视化

“数字孪生”模型，实现三维场景仿真，目前已为新闻媒体、电视转播等设计运行工作提供支持；同时在世界媒体大会、世界转播商大会等会议活动上远程对部分场馆进行立体展示，可“身临其境”了解重点工作区域及工作流线，减少现场考察，克服新冠肺炎疫情对筹办工作的影响。该系统将虚拟预演技术应用于体育赛事场馆仿真领域，获得了奥林匹克转播服务公司及世界转播商的认可。未来，该系统将在奥运会和大型体育赛事运行与转播方面得到广泛应用。

(3)可穿戴式体温计的“腋下创可贴”，为新冠肺炎疫情防控“站哨”，测温精确到0.05摄氏度，能快速锁定异常人群。

(4)冰雪项目交互式多维度观赛体验技术，实现全新的观赛体验，在欣赏比赛的过程中可以实现连续改变观看点位，从不同的视角去看同一场赛事，“自由视角”技术实现了电视、VR 设备等多终端的观看，已在“相约北京”冰上项目进行示范应用。此技术在冬奥会上的展示和推广，促进了我国超高清和 VR 技术及产业发展，未来将成为我国经济发展重要新引擎。科技冬奥是北京冬奥会的愿景，其产生了丰富成果，服务了北京冬奥会。北京冬奥会留下的这些遗产将为我国区域经济发展带来更多的红利，创造更大的价值。

四、区域发展遗产研究

(一)北京冬奥会交通的完善促进了区域可持续性发展

北京冬奥会的筹办是推动京、津、冀协同发展的主抓手。北京冬奥会的筹办加速了京张高铁的建设步伐，而京张高铁的建设完成全面提升了北京冬奥会的交通运输能力，开通运营后北京清河站至延庆站最短仅需 26 分钟，实现清河站到太子城站仅需 50 分钟，3 个赛区之间的通行时间缩短了。北京冬奥会赛时为奥林匹克大家庭、媒体记者、观众等提供了快捷便利的交通服务，缓解了 3 个赛区的交通压力，降低了办赛成本，大幅提升了北京冬奥会交通服务保障能力。北京冬奥会的筹办也加速了京礼高速的建设。京礼高速大幅提升了京张公路的交通效率，全线贯通后，促进了北京、张家口(以下简称“京张”)两地的相连相通，带动了沿线地区的社会经济发展，这具有重要意义。

(二)北京冬奥会公共服务的共建共享促进了区域可持续性发展

以北京冬奥会的筹办为契机，京张地区加大在通信、住宿、餐饮、医疗、教育等多方面的基础设施建设，并建立协同共享的开发机制，实现了区域整体公共服务水平的提升。北京冬奥会的公共服务已提前呈现出显著的遗产效应。北京冬奥会筹办期间，相关部门不断加快完善通信基础设施。以智慧冬奥带动智慧城市建设，稳步推进以冬奥会相关场所为重点的通信基础设施及服务建设，加速推进张家口智慧城市建设；以北京冬奥会保障为抓手，带动住宿餐饮水平的持续提升，不断规范餐饮服务标准，带动行业发展；以北京冬奥会医疗保障为支撑，促进京张医疗服务协同发展，同时进行雪上医疗救援人员的培养；推动冰雪运动进校园，加快提升区域教育均衡化水平，如北京市将“冰雪运动”纳入购买公共教育服务范围，并从文化、活动、师资多方面提供全面保障。

(三)北京冬奥会体育文化旅游带促进了区域可持续性发展

加快建设京张体育文化旅游带是实施京、津、冀协同发展的重要举措。

首先，建立协同发展机制，夯实长远发展基础。京张两地进行一系列体制机制创新，探索深化政府间、部门间战略合作，发挥两地比较优势，推动两地在冰雪装备制造、高科技产业、农业等冬奥+领域开展合作，提升区域经济长期内生活力，不断推动京张体育文化旅游带的全面建设。

其次，持续不断推动体育、文化、旅游深度与广度融合发展，打造京张体育文化旅游带整体品牌形象，如持续推进“雪国崇礼 户外天堂”体育旅游目的地品牌建设；推进“体育+旅游”融合发展，如京张两地政府推出“美丽北京·激情冰雪”“大好河山·激情张家口冰雪季”等活动，丰富体育旅游产品供给，有效推进“体育+旅游”深度广度融合发展；推动“体育+文化”多元融合发展，如连续举办北京市民快乐冰雪季，“相约2022”冰雪文化节，冬奥主题庙会、灯会等冰雪文化活动，促进人们广泛参与冰雪活动，体验冰雪激情，感受冰雪文化。

(四)北京冬奥会助力脱贫攻坚促进了区域可持续性发展

延庆和张家口抓住北京冬奥会的历史机遇，积极探索扶贫新路径，不断强化基础设施建设，积极主动探索生态扶贫新模式。随着北京冬奥会的筹办，张家口“首都水源涵养功能区和生态环境支撑区”建设工作也在不断推进，近几年来其崇礼区植树造林力度空间加大。张家口已实施造林绿化工程，拓宽建档立卡贫困居民的参与渠道，优先安排贫困人口参与工程建设，增加贫困人口收入，既满足冬奥筹办对生态环境改善的需求，又满足群众脱贫致富需求。张家口还在不断创新完善生态富民新机制，其脱贫坚持走生态富民的道路，坚持改善环境与农民增收相互促进、正向而行。张家口实行对口帮扶，积极推动体育+扶贫就业，举办体育扶贫赛事。2019 年张家口举办 30 余项次省市级体育扶贫赛事，吸引了京、津、冀及周边省份逾 12 000 人参与。同时，张家口打造以冰雪学校、人才培养、专业建设三位一体发展为突破口，系统打造各年龄段相衔接的冰雪活动，促进冰雪产业发展，完善冰雪运动与冰雪产业的人才培养体系，为冰雪产业可持续性发展提供人才保障。

五、社会发展遗产研究

(一)北京冬奥会推动奥林匹克教育取得丰硕成果

在北京迎来冬奥会之际，国家积极推动奥林匹克教育的开展，持续将奥林匹克教育纳入学校教学中，积极促进学生学习奥林匹克文化知识。一些地方教育部门已经在中高考多学科试卷中纳入奥林匹克知识。北京也毫不例外地把奥林匹克教育纳入学校教学。北京要求各中小学校探索体育课、校本课程、综合实践活动等课程的开展方式，开展奥林匹克主题进行教育，广泛组织奥林匹克教育活动，开展以“北京冬奥会”为主题的知识普及活动；“青少年冬奥教育基地”落户中国科技馆，这对青少年进行冬奥教育活动，推广冰雪运动的普及具有重要作用；丰富奥林匹克教育资源，编写《奥林匹克读本》《北京冬奥会和冬残奥会青少年知识读本》，同时，线上冬奥教育资源也在不断增加供给，促进冬奥教育资料转化为人们乐意接受的视频、音频资源，为人们提供丰富的奥林匹克教育资源；制作发布《奥林匹克五环》《残奥运动》等 3 部教育知识动画短视频和《冰壶》《速度滑冰》等 15 个冬奥项目知识动画短视频，通过各类媒体平台广泛转载，推广普及奥林匹克知识；主动创新开展奥林匹克教育研究，成立北京国际奥林匹克学院，推动奥林匹克教育在我国的传播。

(二)北京冬奥会推动校园冰雪运动蓬勃发展

在 3 亿人参与冰雪运动的目标下，推动冰雪运动进校园成为关键一步。

当前，我国青少年人口数量约2.5亿，这是发展冰雪运动的最有利条件。北京冬奥会筹办以来，通过将冬季运动项目纳入教学体系、广泛开展冰雪项目课外活动、出台政策扶持校园冰雪运动发展和冰雪运动旱地化等措施，大力推动青少年冰雪运动的普及知识。冰雪运动融入学校教学体系，冰雪项目课程不断完善，冰雪活动多样，青少年冰雪赛事不断涌现，在没有条件的校园推广冰雪运动“旱地化”模式，创新参与冰雪运动的形式，因地制宜，引进和建设仿真冰场和雪场，开展“冰雪运动旱地化”模拟冰雪运动，提升青少年冰雪运动技能，是推广冰雪运动进校园的重要举措。奥林匹克教育纳入学校教育，不断开发教育资源，广泛开展相关冰雪教育活动，在青少年群体中广泛弘扬奥林匹克精神、普及奥林匹克知识、传播奥林匹克理念，激励了广大青少年积极参与冬季运动会的热情，带动广大中小学生共享北京冬奥会的举办成果，形成了我国具有特色的奥林匹克教育遗产。

(三)北京冬奥会推动志愿服务事业健康快速发展

北京冬奥会的志愿者以真诚的微笑、热忱的服务给人们留下了深刻的印象，也是冬奥会上一道靓丽的名片。“志愿北京”信息平台志愿者注册人数破443.6万人，从而显示出我国志愿服务事业的快速发展。在志愿者服务北京冬奥会的同时也促进了全社会积极参与冰雪运动的热情，实现传播奥林匹克文化和弘扬志愿服务精神的目的，营造了迎冬奥的良好社会氛围。志愿者培训深入推进，结合新冠肺炎疫情常态化防控需要，通过线上、线下相结合的方式对志愿者开展培训，培训内容包括冰雪技能、志愿礼仪、应急救护、扶残助残、外语口语等专业知识与技能。志愿服务工作不断创新提升，积极强化志愿者激励保障机制，立足“弘扬志愿精神”、北京冬奥精神，注重志愿者自我驱动的内在因素，从加强集体激励、彰显责任担当、强化品牌激励、展现志愿精神、夯实基础激励、书写志愿新篇章等方面，激励志愿者以良好的精神状态投入到北京冬奥会的志愿服务当中。对此，带动了更多人参与冬奥志愿服务，促进了志愿服务事业的长期发展。

(四)北京冬奥会促进国际社会的交往新形象

以北京冬奥会为载体，强化与国际体育组织的工作协调，学习吸收冬季运动强国的办赛经验，提升冰雪运动水平和办赛能力；在国家外交活动中，融入冬奥元素，提升北京冬奥会影响力；促进以冰雪项目为核心的中外体育合作和人文交流，使北京冬奥会成为新冠肺炎疫情下推进世界团结的主要平台。以人心相通促进开放包容、互利合作是北京冬奥会的重要社会遗产。加强与国际体育组织沟通协作，积极借鉴冰雪强国先进经验，不断强化与冬季运动强国的交流合作，通过赴国外训练、引进先进技术等“请进来”“走出去”的方式，提高我国冬季运动的发展水平，与冰雪运动强国之间开展青少年体育交流。冰雪运动融入国家外交活动，推介北京冬奥会，积极开展海外文化推广活动，通过开展“冬奥之窗”，设计“云上冬奥”等项目形式，宣传北京冬奥会，从而让世界了解中国，聚焦北京冬奥会。拓展了以冬奥和冰雪运动为纽带的国际合作交往新空间；完善了无障碍环境，促进了包容性社会建设，这些都是北京冬奥会为我国与奥运会带来的丰富物质和精神遗产。

(五)北京冬奥会推动社会文明程度不断提升

北京冬奥会的筹办，推动了冰雪运动的全民普及，提升了全民健身意识；倡导绿色低碳生活理念，引导公众建立绿色低碳生活方式；在全社会范围内开展社会文明提升活动，推动社会文明进步。在北京冬奥会的影响下全民冰雪健身火爆，开启了运动健康生活新局面，在一系列冰雪运动普及推广措施持续引导下，社会公众积极参与冬奥、参与冰雪运动的热情不断释放，群众冰雪运动发展呈现新的气象。公众冬季锻炼意识逐渐形成，冰雪运动基础设施建设的不断完善，推动人们参与冬季锻炼，从而开启“四季健身”的体育运动模式，养成体育锻炼的良好习惯。低碳出行，引领绿色生活新风尚。以北京冬奥会举办为契机，采用各种各样的方式宣传普及低碳生活理念，鼓励企业、社会组织、个人的低碳环保行为，推广普惠制，在全社会积极倡导，构建绿色发展理念。在北京冬奥会的驱动下关爱残疾人、支持残疾人事业成为社会共识，扶残、助残意识融入公众生活。北京冬奥会全面推动了社会进步和文明互鉴，宝贵冬奥遗产的使用，为奥林匹克运动在我国的发展、传播做出贡献。北京冬奥会的举办，符合世界“更团结”的共同体主张，也符合全社会“共同参与、共同尽力、共同享有”的理念，产生了良好社会效应，全面提升了社会文明程度，增强了人们的成就感和获得感。我们深信，丰厚的冬奥会遗产成果将持续推动社会进步，进一步推进改革开放，促进文明对话与交流合作，增进世界各族人民团结和友谊，使全世界更加相知、相融、相惜。

六、体育发展遗产研究

（一）北京冬奥会推动冰雪运动的全民普及与发展

目前，中国青少年人口数量约为2.5亿，推动青少年参与冰雪运动是促进冰雪运动全民发展的重要一环，也是积极主动强化冰雪运动发展的根基，保持冰雪运动可持续发展的新引擎，同时在校外广泛开展内容和形式多样化的冰雪运动，推动了青少年冰雪运动的普及与发展。相关部门制订并实施奥林匹克教育计划，推动冰雪运动进入校园，以中小学为重点，将奥林匹克教育纳入学校教学，深入开发奥林匹克教育资源，广泛组织开展奥林匹克教育活动，鼓励学生参与冰雪运动，熟练掌握多项冰雪运动技能。在不具有冰场、雪场的学校因地制宜开展冰雪运动，例如，“冰雪运动旱地化”；积极开展校外冰雪活动，如“爱冰雪迎冬奥、滑冰雪话健康”等青少年冰雪主题活动，为青少年上冰与上雪搭建平台、创造条件。与此同时，通过丰富的冰雪运动赛事和活动，冰雪运动走进了百姓生活。冰雪活动还突破了季节限制，通过开发线上冰雪活动，如“云展示”“云竞技”“云颁奖”“云课堂”等形式，不断提升冰雪运动的普及程度和影响力。如中国首届数字冰雪运动会在广州开展，以“数字跳动，欢乐冰雪”为主题，在新冠肺炎疫情防控常态化下，运用VR、3D等科技手段突破冰雪运动的季节、地域限制。此外，通过征集奥运遗产微视频，发布急智冬奥手游和冰雪健身操内容，传播了奥运知识，也促进了全民健身，营造全民喜迎冬奥会的热烈氛围。

（二）北京冬奥会推动冰雪运动竞技水平跨越式发展

北京冬奥会在推动我国冰雪运动全民普及与时代发展的同时，也推动了我国冰雪运动竞技水平的发展。目前，国家队全项目参赛格局已经形成，国内冰雪运动的竞赛水平提升显著，诸多冰雪竞赛项目在世界大赛中取得好成绩。通过重点发展优势项目和潜在优势项目，有针对性发展一般项目，着眼长远布局竞技人才梯队，强化科学训练，国家队成绩稳步提升，全国专业性冰雪运动赛盛行，国际冰雪赛事不断进入我国，如世界花样滑冰大奖赛2019年和2020年连续落户重庆。青少年冰雪赛事发展迅速，赛事体系渐趋完善，如在滑雪项目中，设立了全国高山滑雪青少年锦标赛、全国越野滑雪青少年锦标赛、全国越野滑雪U18精英赛等青少年系列赛事，推动了冰雪运动竞技水平的跨越式发展。

(三)北京冬奥会促进冰雪人才队伍建设

北京冬奥会申办成功以来，各类冰雪运动人才数量、社会组织规模得到快速发展，这些人才、组织和体制机制未来都将持续助力我国冰雪运动长期健康发展。冰雪运动注册运动员迅速增长，冰雪运动裁判员数量持续增加，冰上国家级裁判员达 357 名，国际级裁判员 106 名，雪上裁判员 523 名，国际级裁判员 25 名，各类裁判员不断增加，满足全民开展冰雪运动的人才体系。同时，冰雪项目单项体育协会快速发展，创新建立国际化人才培养体系，专家“请进来”提升办赛经验，筹办人员“走出去”参与办赛实践的模式，推动了冰雪运动发展；深化实战培训，依托往届奥运会、冬季项目世界杯、世锦赛等大型赛事经验，积极开展实习计划、影随计划、观察员项目等学习冰雪运动活动；不断建立健全高校冰雪运动人才培养体系，北京冬奥组委会等部门印发的《关于充分发挥高等学校人才优势 支持冬奥筹办工作的指导意见》，明确了 15 类人才培养与输送、教育培训、科研攻关、文化传播、志愿服务等 15 项具体任务，提升志愿者队伍服务意识与能力。为此，北京冬奥会推动了我国冰雪运动的全民普及，冰雪运动在我国呈现出前所未有的发展势头。

七、文化发展遗产研究

(一)北京冬奥会促进冬奥文化活动在我国的开展

北京冬奥会筹办 6 年多以来，在展示国家形象、促进国家和谐发展、振奋民族精神方面发挥了重要作用。以“体育”为主题，以“文化”为内容，通过形式多样的文化活动，全方位、多层次的宣传推广，促进了冬季奥林匹克运动在我国的传播，全面展示了我国优秀传统文化和城市文化特色，营造了喜迎北京冬奥会的浓厚社会氛围，赢得了社会各界的广泛支持和积极参与。一批冬奥文化基础设施的建设推动了冬奥文化的传播，丰富的冬奥文化活动广泛传播了冰雪文化和冬季奥林匹克运动知识，全国性的冬奥文化活动传播了冬季奥林匹克文化。同时积极开展群众冰雪文化活动，例如，举办冬奥文化艺术活动、冬奥文化知识传播活动，精心打造北京冬奥火炬接力活动、冬奥春节文化活动、冬奥长城文化活动，举办体育文化交流活动及加强我国冰雪运动与发达国家、友好城市和奥运城市的文化交流等。北京冬奥文化活动离不开基础设施的支撑，如北京冬奥会文化广场为广大居民感受冬奥、参与冬季健身提供了服务平台，冬奥社区提升了社区人文环境，冬奥文化广场丰富城市文化供给，奥林匹克公园为城市增添了文体活动空间等。冬奥公共文化景观展示了冬奥文化特色，激发了城市的生机与活力，国际奥林匹克学院、冰雪博物馆等促进了奥林匹克文化的研究与传播。这些设施将持续为公众开展全民健身、文化休闲活动提供场所，持续普及奥运文化，传播奥林匹克精神。

(二)北京冬奥会促进冬奥文化产品在我国的畅销

在北京冬奥会筹办过程中，设计了相关系列的北京冬奥会形象标识，创作了与北京冬奥会相关的歌曲、短视频、特许商品等北京冬奥文化产品，丰富了奥林匹克文化，是冰雪文化的深度挖掘和多层次、多侧面的创造性融合，全方面拓展了奥林匹克文化内涵，向全球突显了中华民族优秀传统文化的新时代魅力。创作生产过程吸引了世界专业设计者参与，提高了我国相关文化产品的创作标准。冬奥形象标识促进了古今、中西文化融合。冬奥形象标识包括会徽、吉祥物、火炬、体育图标等，结合冬奥元素，设计具有中国特色，突出冰雪主题，融合体育、艺术和科技，体现出中国发展的时代文化精神。冬奥特许产品开发带动中国设计与中国制造，一些特许商品是弘扬、传承、传播奥林匹克文化的载体，承担提升北京冬奥会品牌价值的时代使命，也具有弘扬优秀传统文化及主办城市文化的使命。购买奥运会特许商品是全球各国人民参与、支持冬奥的一种方式。通过积极举办各类设计比赛与活动，如举办“冬奥有我——我的冬奥会和冬残奥会”会徽商品创意设计大赛、“北京2022奥林匹克徽章文化周”活动，一系列优秀的冬奥文化产品应运而出，这推动了奥林匹克文化与我国文化创意产业的融合发展。

(三)北京冬奥会促进冬奥文化在我国的传播

在北京冬奥会筹办过程中，通过多种途径、多种形式、多种视角、全方位宣传推广，北京冬奥会产生了积极广泛的社会影响。

(1)学习世界的奥运先进经验，积极主动探索奥运文化在全球的传播技术及模式，在赛事转播、媒体运营、档案管理等方面不断取得了成效，提升了整个冬奥周期和后冬奥时期的奥林匹克文化与冰雪文化的传播推广能力，也推动了相关行业的专业化、国际化发展。

(2)冬奥会传播方式的技术创新及转播技术的不断完善，提升了国家文化传播水平；主办城市公共文化服务体系的不断完善，充分展示了城市文化特点，丰富了人民群众的精神文化生活。

(3)新闻传播中国声音，宣传内容广泛而全面。宣传办奥理念，把可持续性作为筹办核心理念，展示冬奥筹办带动主办城市在可持续发展、生态文明建设方面取得的成果；宣传北京冬奥会对京、津、冀的协同发展具有重要价值，宣传场馆建设、文化活动、科技冬奥、赛事组织、运行保障等各领域筹办进展；对冰雪运动知识技能进行基础性普及宣传，引领全民健身，倡导公众参与，让青少年群体积极主动学习奥运文化知识，传承奥林匹克精神，感受奥运魅力。

(4)创新媒体转播方式，多元化转播体系正在形成。多种媒体转播形式，提升观众观看效果。促进转播技术升级，赛事转播制作水平大幅提升。以北京冬奥会赛事转播与媒体运行服务为契机，培养青年媒体工作者。

(5)全过程、全方位、科学系统的收集北京冬奥会筹办档案。做好档案赛后利用，传承北京冬奥会筹办经验。

北京冬奥会的筹办和举办，为中国和世界奥林匹克运动发展留下了丰厚的奥林匹克文化遗产。奥运文化、冰雪文化不断深入人心，为中华文明注入了新的生机与活力。以北京冬奥会为国际平台，我国向全球彰显了历史悠久、底蕴厚重、开放包容的大国文化，同时我国主动促进全球文化交流互鉴，推动地球村相知、相融。北京冬奥会的筹办与举办也为国家、区域、主办城市的体育文化事业发展，公共文化服务体系的建设，国际文化交流，文化人才培养留下了丰厚的文化遗产。这些宝贵的文化遗产都将在未来持久地发挥作用，成为国家繁荣富强、人民幸福生活的文化资源和精神力量。

第二节 冬奥会可持续发展的展望

北京冬奥会是新时代中国在 2020 年全面建成小康社会、2021 年建党 100 周年、2022 年二十大召开之际，又逢新冠肺炎疫情肆意横行的前提下举办的盛会，是在重要节点举办的重大标志性活动。北京冬奥会的筹备一贯坚持“绿色、共享、开放、廉洁”的办奥理念，充分突显了可持续性发展的理念。而《北京 2022 年冬奥会和冬残奥会可持续性计划》的发布，更是全面考虑了北京冬奥会筹办所带来的环境、经济、社会、体育等方面的影响。因此，我国在筹办冬奥会的过程中坚定地秉持了可持续发展的理念，推动了奥林匹克文化走向世界。

一、人民性是冬奥会可持续发展的核心

（一）人民是冬奥会历史的创造者和见证者

人民是历史的缔造者，也是历史的见证者。马克思主义理论最鲜明的品质是人民性，人民是真正的时代发展推动者。中国人民具有伟大的创造精神，民心是最大的发展动力，为人民谋幸福就是中国共产党人的初心。中国共产党坚持以人民根本利益为一切工作的出发点和落脚点，强调发展为人民的重要性，这体现了中国共产党以人民为中心的时代理念，也是人民性在新时代的发展和理论创新。站在新时代的发展起点上，中国共产党一如既往地全面调动人民的积极性、主动性，汇集人民的智慧，把人民对美好生活的期盼始终当作党的初心，并做到与人民相连，与人民同甘共苦，与人民携手未来，与人民团结奋斗，向人民交出了满意的新时代答卷。北京冬奥会的闭幕式充分体现了奥运会的人民性。在《让世界充满爱》的歌声中，中国大学生与外国留学生齐步走过鸟巢，在鸟巢他们留下了不一样的足迹，地屏上，不同国家、不同肤色的人们笑脸灿烂绽放，留在社会记忆影像的长河中，两侧飘拂着寓意团结的中国结彩带。随后，北京冬奥会的口号“一起向未来”浮现，诉说着中国人民与全球人民对未来最真挚的希望。紧跟而来的轮滑表演，与 2018 年第 23 届韩国平昌冬奥会闭幕式上的北京 8 分钟呼应。24 名来自北京体育大学的学生在地屏上划出流畅交织的线条，既像跑道，又像中国结，继而引出“更快、更高、更强——更团结”的奥林匹克格言。

（二）以人民为中心的奥运理念

在百年未有之大变局时代，2022 年 2 月 4 日，北京冬奥会在北京拉开序幕。奥运会令人触动的不一定是冠军，而是奥运健儿身上“更快、更高、更强——更团结”的奥运格言和相互理解、团结、友谊、公平的奥林匹克精神。奥运会自诞生之日起，奥林匹克精神与奥林匹克价值观就激励着奥运健儿不断突破自我、勇于追求。为此，北京冬奥会提出“以运动员为中心”的理念。北京冬奥会将人的发展看作可持续发展的落脚点和出发点，以运动员为中心、

以人民为中心，通过人民在冬奥会中所获得的竞技体验及生活感悟，从而拓展人的生活空间，改善人的生活习惯、方式，提升人的生活质量，培养人乐观积极的生活态度。

(三)人民是传承冬奥会可持续发展的核心

奥运会的举办，离不开人的参与，而人的参与需要心之所向，只有人民喜欢奥运会这一盛事，人民拥护这一盛会，奥运会才能传承延续，因此，人民性是冬奥会可持续发展的核心，这是不可置疑的事实。在北京冬奥会的开幕式上，当五星红旗、冰雪五环旗缓缓升起时，全球瞩目的冬奥会再次进入“北京时间”，北京成为全球首个“双奥之城”。北京冬奥会开幕式向世界讲述了新时代中国的故事，在绿色奥运中展现“中国担当”，绿色办奥的提出到践行，彰显了中国参与全球治理的大国担当。北京冬奥会，以绿色奥运为使命，践行绿色、低碳、可持续发展的理念，建设了低碳场馆，构建了低碳交通体系等工程，突显了中国践行绿色发展的信心，承载了人类建设绿色家园的梦想。与此同时，北京冬奥会也书写了新时代华章，奏响了“一起向未来”的时代步伐，为构建人类命运共同体发出了时代之音。所有的一切都离不开人，因人的存在，才能更好地传承奥运文化，维持奥运会的持续开展。

二、和平性是冬奥会可持续发展的愿景

(一)国家和平、强大是举办奥运会的橄榄枝

在百年未有之大变局的新时代，中华民族以可亲可爱可敬的中国形象走向世界，迈入全球，从改革开放到2008年第29届中国北京夏季奥运会，以绿色奥运、科技奥运、人文奥运的三大理念，向全球输出国家举办奥运会的战略，再到北京以运动员为中心、可持续发展、节俭办赛的申奥理念，凸显了国家走向世界的姿态。我国在对外交往中所强调的合作共赢、发展共享、携手共进的理念深入人心。基于和平的社会环境，人们耳濡目染了奥林匹克运动，在潜移默化中形成了奥林匹克运动的价值观。体育强国梦与中国梦环环相扣时，中国梦在竞技体育领域的折射就是体育强国梦，而体育强国梦需要奥运健儿不断突破自我、勇于拼搏。在开放、和谐、和平、共赢的理念下，从中华人民共和国成立以来的“个人奥林匹克盛会”到站起来、强起来、富起来的“百年奥运梦想”，从百年屈辱史的“东亚病夫”到14亿人的“体育大国”

再到未来的“体育强国”，竞技体育承载的不仅是个人荣辱，更多的是国家荣誉、民族精神，而这些来源于和平的世界让每个国家奥运健儿参与竞赛。

（二）为和平而生的奥林匹克运动

奥运会的独特性与全球性，以及其宣扬的奥林匹克精神、奥林匹克理念、奥林匹克文化、奥林匹克格言跨越国家与地域文化的普世价值观，使其成为当今世界最具知名度的盛会。在开放、和谐、和平、共赢的视域下奥运健儿在竞技场上、场下，具有社会效应、光环效应与媒介效应，也传达着奥运文化理念。奥林匹克运动的宗旨是通过没有歧视、具备奥林匹克精神的体育竞赛来润化新时代青年，从而为建立一个更加和平、更加美好的人类命运共同体做出贡献。奥林匹克运动本身所具有的人文价值与新时代可持续发展的理念在广度和深度上全面融合，从而达到人、自然、社会的和谐统一，这是人们为之奋斗的梦想。奥林匹克运动是超越国界、种族、体制、文化的人类共同遗产，奥林匹克运动从诞生之日起就携带和平、友谊的基因。古希腊“奥林匹克休战”传统的宗旨是以和平友好的体育竞赛取代残酷的战争冲突。世界人民呼吁和平，和平之声对推进《联合国宪章》的宗旨做出了应有的贡献。

三、产业链是冬奥会可持续发展的源泉

（一）冬奥会促进体育产业高质量发展

（1）北京冬奥会对推动体育产业高质量发展具有价值引领作用，其促进了全民健身和体育消费。在“北京周期”的长期准备奥运会的过程中，全球人民的高度聚焦，促进了北京冬奥会对中国体育资源的供需发力。其驱动了体育要素创新，充分聚焦现代科技、人力物力资本等核心要素，推动体育产业创新发展。借助大数据、区块链、人工智能在北京冬奥中的全方位运用，促进了现代科技在体育领域的创新实践，从而更好地服务于体育实体经济。

（2）北京冬奥会的举办对未来体育产业体系建设具有战略指导意义。北京冬奥会开发的全民健身体育服务，完善了体育中介咨询服务，加快了体育产品设计研发和生产生活健身的体育服务周期。

（3）北京冬奥会的举办对培育体育市场主体有潜在的价值引领作用，培育出了一批“瞪羚”及“隐形冠军”体育企业。

（4）北京冬奥会的举办有利于深挖未来体育消费潜力，基于各类赛事活

动，体育企业在借助“互联网+”模式，持续提高人民群众对高质量体育运动的需求。

(5)北京冬奥会的举办有利于强化体育市场监管体系及市场监管体制，不断完善公共体育基础设施建设，以及大型赛事活动保障的体系和运动技能培训领域的监管体系，加大事前、事中、事后监督聚焦。

在冬奥聚焦下实现全方位、一体化的供需两端高质量发展。

(二)“北京周期”助推中国冰雪产业实现跨越式发展

在“北京周期”的准备冬奥会工作的进程中，全国人民积极行动起来。在此期间出台的《“带动三亿人参与冰雪运动”实施纲要(2018—2022年)》，提升了全民参与冰雪运动的激情。北京冬奥会的举办对提升中国冰雪运动整体实力、国际竞争力具有战略意义，能够促进国内冰雪产业全面升级改造。

(1)坚持独立自主创新，借鉴国际先进的冬奥管理、科学技术，吸收先进的竞技体能训练方法。

(2)积极引进国外冰雪产业管理新模式，实现冰雪运动在区域间的均衡发展，保持和强化我国在冬季运动项目的优势，培养弱势项目的竞技运动健儿。

(3)借助北京冬奥会的举办积极在社会范围内普及冰雪运动，战略统筹冰雪运动进校园的顶层设计，广泛建立“一校一品”和“一校多品”的校园冰雪特色项目，学校成立冰雪运动社团和校外冰雪实践基地，高校成立高水平冰雪运动队，加快冰雪运动特色学校成立。

(4)积极推动大中小学冰雪运动联赛，促进冰雪产业的消费升级，完善规划布局，构建冰雪产业区域发展模式，从而提升我国在世界冰雪运动方面的国际影响力，实现我国夏季奥运会与冬奥会在运动项目、人才、科技等的均衡发展，推动我国冰雪运动与冰雪产业实现爆发式与跨越式发展。

四、共同体是冬奥会可持续发展的动力

(一)我国的和平崛起是践行共同体的丰碑

在中国共产党的领导下，我国实现了人民当家做主，把“以人为本”作为治国思想，家国和睦，社会不断发展，显现出繁荣场景。对此，西方国家开始敌对我国，各种莫须有的罪名迎面而来，对我国进行歪曲和“妖魔化”，如“政治威胁论”“军事威胁论”“经济威胁论”“中国崩溃论”“中国责任论”“威胁

邻国”“缺乏民主”和“贪污腐败”等。但我国在世界治理、维护世界和平、人道主义等方面承担了大国应有的责任，给世界人民带去了中国智慧、中国方案、中国制造，为国家形象树立了良好口碑。而北京冬奥会的举办又一次向世界人民展示了一个美好生活的中国形象，并吸引更多的外国友人来华观赛、旅游、学习中国文化及中国技术，使世界人民关注北京冬奥会，聚焦中国人民对美好生活的追求。

(二)共同体的建设与《奥林匹克宪章》一脉相承

新时代中国有两个梦想：一个是民族复兴的“中国梦”，一个是“共商、共建、共享的人类命运共同体”，两者之间相互耦合，互为机遇。构建“人类命运共同体”是中国的理念显现，旨在回答“人们想要一个什么样的世界”之问。“世界那么大，问题这么多，国际社会需要听到中国故事、声音、看到中国治理方案、复制中国治理智慧，命运共同体的建构需要中国参与。共同体承载了人类命运的历史追溯和生存智慧，共同体建构是对全球化进展的积极现实回应，基于价值共识导向、制度实践和文化认同三个维度进行建构。它涉及彼此耦合的利益共同体、和而不同的价值符号认同共同体、共商共建共治共享的全球战略安全共同体、团结一致的联合体等特征，有主体多元的参差不齐、价值包容的利益认同、层次多样的客观现实、结构变动的国家差异等特性。”在人类命运共同体的联结下中国一贯坚持协商对话、共建共享、交流互鉴等价值导向。共同体的核心是建设持久和平、普遍安全、开放包容、共同繁荣、清洁美丽的完美世界，这与《奥林匹克宪章》宗旨一脉相承。

(三)共同体是治理全球问题的魔法

北京成为奥运会史上首个“双奥之城”。回顾以往，2008 年第 29 届中国北京夏季奥运会的主题——“同一个世界，同一个梦想”，体现了中华民族自立于世界民族之林，实现“中国梦”的铿锵之声；北京冬奥会“一起向未来”的时代主题，体现了中国向全球人民发出携手走向未来、共建人类命运共同体的时代主张。在全球化背景下，共同体对治理全球问题发挥了战略导向作用，而中国负责任的国家形象发挥了重要作用。面对突如其来的新冠肺炎疫情，以人为本、生命至上，向国际社会提供源源不断的物资援助，以及预防新冠肺炎疫苗的援助。在全球危机不断爆发的惊涛骇浪下，各国不是独善其身地乘坐在 190 多条小船上，而是乘坐在一条命运与共的大船上。小船经不起风浪，巨舰才能顶住惊涛骇浪。这突显了“建设什么样的世界、如何建设这个世界”的历史之问。百年奥运的可持续发展也离不开全球人民的一道努力。因此，共同治理，打造美好奥运。

(四)奥林匹克运动是不同肤色共同体的共享

奥林匹克运动是少数能够做到让全球不同肤色的人们汇集在一起的全球重大赛事。在化解和协调一些全球性问题上，奥林匹克运动扮演着重要角色。冬奥会传递着友谊、尊重、对话、包容、和谐等多元和谐理念，是搭建全球友谊的一座桥梁，使世界人民在共创美好世界的愿景下，彼此沟通、增进了解，从而促进地球村的和谐发展。北京冬奥会，我国发出了携手全球人民跟着春天出发的愿景，人们必将铭记这个难忘的春天。北京冬奥会的圆满成功，彰显了不同肤色群体参与的激情。新时代发展战略下，我国向世界兑现了承诺，给全球呈现了一届简约、安全、精彩、和平、平等的奥运盛会。在新冠肺炎疫情防控常态化下，这是激动人心的全球盛会。91 个国家的人民进行着不同肤色之间的对话交流，他们克服重重困难，冲破阻隔，聚集在五环旗下，展奥运竞技之美，展文明之光，聚团结之力，共同谱写“一起向未来”的华章。

第八章　冬奥会的经典瞬间与回顾

冬奥会记载着时代变化的烙印，解读着奥运精神的真谛，蕴含着人类对运动美、视觉美的无限想象与追求。冬奥会仪式每个环节中的象征符号和视觉镜像所蕴含的政治意图、文化理念、国家实力被世人推崇与渲染。东道主皆尽所能地去设计既宏伟博大又独具特色的开幕式各环节，从而展现举办国家的悠久文化与民族气质。另外，冬奥会开幕式也在多种媒介的传播下被不同国度宣扬和传承。庄严与崇高、奢华与炫丽的奥运视觉盛宴让世界人民满怀期待与渴望。在一届届奥运盛典文化的熏陶下，世界人民以敏锐的观察、广博的视野加上迫不及待、探奇索怪的心理来凝盼着冬奥会的举办，一幕幕经典瞬间令人难以忘怀。

本章主要回顾历届冬奥会开幕式及赛场运动的经典瞬间，重温冬奥会带给人们的视觉享受。

第一节　第1届冬奥会

开幕时间：1924 年 1 月 25 日

闭幕时间：1924 年 2 月 5 日

举办地：法国夏慕尼

运动员：258 名(女子 13 名、男子 245 名)

项目数量：6 项

开幕式前一星期，夏慕尼当地风雨不停，冰场变成了水池，不得已使比赛延期，但突然的一次冰冻，使开幕式得以顺利进行。1924 年 1 月 25 日，夏慕尼天气清朗，冬奥会正式开幕。各国参赛的队伍入场顺序以法文字母为序，奥地利率先，东道主殿后。运动员宣誓，是由东道主选派一名代表(滑雪运动员卡米耶·曼德里翁(Camille Mandrion))宣读，其他各国参赛队伍各派一名代表复诵。谁也没有想到，这届原称作“第8届奥林匹亚德体育周”赛会成为历史上第1届冬奥会。据说，由于这次比赛的成功，1925年国际奥委会布拉格年会正式承认这次比赛的成绩和纪录，并作为第8届夏季奥运会的一部分。但由于秘书人员的疏忽，在会议记录中将此次赛会竟然误写为“第1届冬季奥运会”。后来，国际奥委会也予以认可和承认。

1924年第1届法国夏慕尼冬奥会情况如图8-1至图8-4所示。

图8-1

图解 1924年1月25日，法国夏慕尼，首届冬奥会开幕式举行，各参赛国运动员手持国旗组成了一个半圆进行现场宣誓，内容为在比赛过程中恪守诚信原则。

图 8-2

图解　1924 年 1 月 25 日，在第 1 届法国夏慕尼举行的冬奥会开幕式上，参赛国家代表们聚集在圣米歇尔教堂和德维尔酒店前。

图 8-3

图解　各国代表团聚集在夏慕尼市政厅前参加奥林匹克阅兵式。登山向导、各种体育俱乐部(包括当地足球队)的成员、滑雪学校代表、消防员、铜管乐队和当地政府官员也加入了他们的行列。携带装备的运动员游行穿过城镇，在即将举行开幕式的溜冰场前停下来。至此，游行队伍分成两组，只允许旗手带队的代表团进入溜冰场。

图 8-4

图解 时任 COF 主席的查士丁尼·克莱尔(Justinien Clary)伯爵致开幕词，感谢国际奥委会和夏慕尼镇。“尽管有各种困难，我们已经准备好在约定的日子和约定的时间进行。”他自豪地说，17 个国家的存在是“超出我们最乐观预期的成功”。随后，他邀请时任法国副国务卿的加斯顿·维达尔(Gaston Vidal)宣布“夏慕尼国际体育周”正式开幕。

第二节 第 2 届冬奥会

开幕时间：1928 年 2 月 11 日
闭幕时间：1928 年 2 月 19 日
举办地：瑞士圣莫里茨
运动员：464 名(女子 26 名、男子 438 名)
项目数量：4 大项 14 小项

1928 年，在瑞士圣莫里茨举行的第 2 届冬奥会与当年的夏季奥运会分别在不同的城市举行，这是第一次。在 2 月 11 日的开幕式上，时任瑞士联邦委员会主席的埃德蒙特·舒尔希斯(Edmund Schulthess)宣布了冬奥会的开幕，代表运动员宣誓的是东道主的滑雪运动员汉斯·埃登本茨(Hans Eidenbenz)。此次冬奥会，参加比赛的有25个国家，共464名运动员，人数比上届几乎增加了一倍。首次参赛的国家有德国、荷兰、罗马尼亚、立陶宛、卢森堡、墨西哥、日本、阿根廷和爱沙尼亚。

1928年第2届瑞士圣莫里茨冬奥会情况如图8-5至图8-8所示。

图8-5

图解 1928年第2届瑞士圣莫里茨冬奥会开幕式全景。

图8-6

图解 1928年第2届瑞士圣莫里茨冬奥会开幕式上，运动员纷纷入场。

图 8–7

图解 1928 年第 2 届瑞士圣莫里茨冬奥会开幕式上，裁判员宣誓场景。

图 8–8

图解 1928 年第 2 届瑞士圣莫里茨冬奥会场地全景。

第三节 第 3 届冬奥会

开幕时间：1932 年 2 月 4 日
闭幕时间：1932 年 2 月 15 日
举办地：美国普莱西德湖

运动员：252 名（女子 21 名、男子 231 名）

项目数量：4 大项 14 小项

第 3 届冬季奥运会于 1932 年在美国纽约州的一个不到 4 000 人的小镇普莱西德湖举行，这是冬奥会自 1924 年举办以来，首次来到美洲大陆。由于刚刚经历了一场全球范围的经济大萧条，这届冬奥会的筹办工作受到了极大的经济困扰。时任组委会主席的戈德弗雷·杜威（Godfrey Dewey）捐出了自己家族的一块地，作为兴建雪橇比赛车道之用。时任纽约州州长的富兰克林·罗斯福（Franklin Roosevelt）——后来的美国总统——偕同夫人出席，并主持了开幕式。他通过无线电发表了热情洋溢的讲话，强调了体育运动对促进人类相互了解的作用。美国著名速度滑冰运动员约翰·A. 谢伊（John A Shea）代表运动员宣读了誓词。大会原定于 2 月 13 日正式闭幕，但受天气影响，于 15 日才结束。

1932 年第 3 届美国普莱西德湖冬奥会情况如图 8-9 至图 8-11 所示。

图 8-9

图解　1932 年 2 月，美国普莱西德湖，第 3 届冬季奥运会上，跳台滑雪运动员在比赛中。

图 8-10

图解 1932 年第 3 届美国普莱西德湖冬奥会上，领奖台首次亮相。领奖台已成为标志性的奥林匹克形象。

图 8-11

图解 在此届冬奥会上，女子速度滑冰首次亮相。1931 年，国际滑冰联盟（ISU）登记了由该项目的先驱代表们建立的 500 米、1 000 米和 1 500 米世界纪录，女子速度滑冰获得了官方认可。因此，它被添加到 1932 年第 3 届美国普莱西德湖冬奥会的项目中，但只是作为一项示范运动。其赛事精彩纷呈，现场观众为之倾倒，示范活动取得圆满成功，为该项目进入冬奥会奠定了重要基础。

第四节　第 4 届冬奥会

开幕时间：1936 年 2 月 6 日
闭幕时间：1936 年 2 月 16 日
举办地：德国加米施-帕滕基兴
运动员：669 名（女子 80 名、男子 589 名）
项目数量：4 大项 17 小项

第 4 届冬奥会于 1936 年在德国的加米施-帕滕基兴举行。在这届冬奥会上，主办方的公共汽车服务将 50 万观众带到了最后一天比赛的赛场，成为早期奥运会历史上少见的盛况。在大会开幕仪式上，时任德国总理的阿道夫·希特勒（Adolf Hitler）宣布冬奥会开幕。代表运动员宣誓的是东道主的滑雪运动员维尔赫姆·博格纳（Wilhelm Bogner）。总的来看，本届冬奥会举办得比较成功，加上新增加的项目很符合德国人的口味，因此比赛期间的观众人数很多。据统计，约有 50 万名观众来到现场，即使是最后一项的跳跃滑雪项目也吸引了 15 000 名观众。这对促进冬奥会的发展是十分有益的。

1936 年第 4 届德国加米施-帕滕基兴冬奥会情况如图 8-12 至图 8-16 所示。

图 8-12

图解　1936 年 2 月，第 4 届德国加米施-帕滕基兴冬奥会上，群众在管控塔下观看比赛。

图 8-13

图解 1936 年 2 月，在第 4 届德国加米施-帕滕基兴冬奥会上，正在进行的男子高山滑雪比赛。高山滑雪在这届冬奥会上首次成为正式比赛项目，但因此也引发争议。当时，国际奥委会不允许滑雪教练参加奥运会，只允许业余运动员参赛。这引起了瑞士和奥地利两国滑雪运动员的不满，纷纷抵制这项比赛。争议一直持续到冬奥会结束，国际奥委会仍然不让步，并且决定 1940 年的冬奥会将不再举行滑雪比赛。

图 8-14

图解 1936 年第 4 届德国加米施-帕滕基兴冬奥会再次回到阿尔卑斯山，但没有回到法国或瑞士。阿尔卑斯山的楚格峰是第 4 届冬奥会的背景。该图是开幕式现场图片。

图 8-15

图解 跳台滑雪金牌得主挪威的伯格·鲁德(Birger Ruud)在比赛瞬间。他是两届世界冠军和世界纪录保持者。1934 年，在普拉尼卡举办的滑雪比赛中，他以 92 米的成绩成功卫冕。晚年的伯格·鲁德被选中在 1994 年第 17 届挪威利勒哈默尔冬奥会开幕式上点燃奥运圣火，但因心脏病原因不得不拒绝邀请。

图 8-16

图解 1936 年 2 月 11 日，在第 4 届德国加米施-帕滕基兴冬奥会上，4 人长雪橇赛的第 2 场淘汰赛中，意大利队的长雪橇“意大利人二号”在滑过拜仁弯道时不慎翻车，4 名运动员飞出雪橇车。

第五节 第 5 届冬奥会

开幕时间：1948 年 1 月 30 日

闭幕时间：1948 年 2 月 8 日

举办地：瑞士圣莫里茨
运动员：669 名(女子 77 名、男子 592 名)
项目数量：4 大项 22 小项

第 5 届冬奥会原定于 1940 年在日本北海道的札幌举办。但由于日本帝国主义在 1937 年发动了侵华战争，其在 1938 年宣布无法举办札幌冬奥会，于是瑞士的圣莫里茨成为候选城市。但在 1936 年冬奥会上，因为滑雪教练员的参赛问题，瑞士奥组委与国际奥委会发生了争议，于是瑞士宣布放弃承办这届冬奥会。德国于 1939 年 7 月表示，他们愿意承办这届冬奥会，但 4 个月后，第二次世界大战爆发，奥运会被迫停止举办。1948 年，第二次世界大战结束后，奥运会才得以重新举办。于是第 5 届冬奥会定在了瑞士的圣莫里茨举行。奥林匹克的圣火再次在圣莫里茨重新点燃，因而此届冬奥会又被称为“复兴奥运会”。在大会开幕式上，时任瑞士联邦委员会主席的恩里科 · 塞里奥(Enrico Celio)宣布冬奥会开幕。代表运动员宣誓的是东道主的冰球运动员里卡多 · 比比 · 托里亚尼(Ricardo Bibi Toriani)。

1948 年第 5 届瑞士圣莫里茨冬奥会情况如图 8-17 至 8-22 所示。

图 8-17

图解 1948 年 2 月 7 日，在第 5 届瑞士圣莫里茨冬奥会上，加拿大花样滑冰运动员巴尔巴拉·斯科特(Barbara Scott)夺冠后在人群中向大家挥手致意。

图 8-18

图解 1948 年 1 月 30 日，在第 5 届瑞士圣莫里茨冬奥会上，英国运动员在男子雪橇双人赛中。

图 8-19

图解 1948 年第 5 届瑞士圣莫里茨冬奥会开幕式全景。

图 8-20

图解 1948 年第 5 届瑞士圣莫里茨冬奥会高山滑雪场景。

图 8-21

图解 1948 年第 5 届瑞士圣莫里茨冬奥会开幕式上，运动员入场后的情景。

图 8-22

图解 1948 年第 5 届瑞士圣莫里茨冬奥会上，高山滑雪比赛场景。

第六节 第 6 届冬奥会

开幕时间：1952 年 2 月 14 日
闭幕时间：1952 年 2 月 25 日
举办地：挪威奥斯陆
运动员：694 名(女子 109 名、男子 585 名)
项目数量：4 大项 22 小项

1952 年的冬奥会来到了现代滑雪的诞生地挪威。奥运圣火的火种不是来自奥林匹亚，而是从挪威一位著名的滑雪运动员松德雷·努尔海姆(Sondre Nordheim)家里的炉火中获得，并经过 94 名滑雪运动员的接力传递后来到冬奥会主体育场，在主运动场中点燃大会圣火火炬，这成为冬奥会第一次正式的圣火。

1952 年第 6 届挪威奥斯陆冬奥会情况如图 8-23 至图 8-29 所示。

图 8-23

图解 1952 年第 6 届挪威奥斯陆冬奥会海报。最佳海报是通过比赛选出的。规则规定，5 个相互交织的彩色环必须存在，并在为其保留的位置整合文字"VIes Jeux d'hiver-Oslo-14 au 25 février 1952"。克努特·伊兰(Knut Yran)的设计被选中，并以 7 种语言制作了 30 000 份。

图 8-24

图解 1952 年 2 月 14 日，在第 6 届挪威奥斯陆冬奥会开幕式上，挪威著名探险家弗里乔夫·南森的孙子、滑雪运动员埃基尔·南森在主运动场中点燃了大会圣火火炬。

图 8-25

图解　1952 年第 6 届挪威奥斯陆冬奥会开幕式现场。

图 8-26

图解　1952 年第 6 届挪威奥斯陆冬奥会开幕式上国旗汇集时的情景。

图 8-27

图解 1952 年第 6 届挪威奥斯陆冬奥会开幕式上运动员宣誓场景。

图 8-28

图解 1952 年第 6 届挪威奥斯陆冬奥会上，观众在观看比赛时的场景。

图 8-29

图解 1952 年第 6 届挪威奥斯陆冬奥会上，高山滑雪运动员冲刺时的场景。

第七节 第 7 届冬奥会

开幕时间：1956 年 1 月 26 日
闭幕时间：1956 年 2 月 5 日
举办地：意大利科蒂纳丹佩佐
运动员：820 名(女子 132 名、男子 688 名)
项目数量：4 大项 24 小项

1956 年，意大利科蒂纳丹佩佐冬奥会因为苏联的加入而具有特殊的意义。苏联第一次参加冬奥会，其运动员就获得了优异的成绩，在奖牌榜上名列第一。科蒂纳丹佩佐冬奥会是第一次有电视转播的奥运会，也是花样滑冰比赛最后一次在室外举行的奥运会。1 月 26 日上午 11 时许，大会正式开幕。意大利总统乔瓦尼·格隆基(Giovanni Gronchi)出席了开幕典礼，并宣布大会开幕。本届点燃奥林匹克圣火的是意大利著名男子花样滑冰运动员吉多·卡罗利。代表运动员宣誓的为第 6 届冬奥会女子高山滑雪速降比赛铜牌获得者意大利的朱里亚娜·切纳尔-米努佐(Juriana Chenal Minuzo)，她是奥运会史上第一个执行这种光荣使命的女性。

1956 年第 7 届意大利科蒂纳丹佩佐冬奥会情况如图 8-30 至图 8-33 所示。

图 8-30

图解 1956 年第 7 届意大利科蒂纳丹佩佐冬奥会海报。

图 8-31

图解 科蒂纳丹佩佐市是意大利的一个山间小镇，当时仅 6 000 人左右，但是它早就是闻名遐迩的冬季运动中心。

图 8-32

图解 1956 年第 7 届意大利科蒂纳丹佩佐冬奥会开幕式现场。

图 8-33

图解 1956 年 1 月 26 日，在第 7 届意大利科蒂纳丹佩佐冬奥会开幕式上，各国运动员入场。

第八节 第8届冬奥会

开幕时间：1960年2月18日

闭幕时间：1960年2月28日

举办地：美国斯阔谷

运动员：665名(女子114名、男子521名)

项目数量：4大项27小项

1960年第8届美国斯阔谷冬奥会的筹办过程进展得很不顺利。斯阔谷，这个距离旧金山300千米、海拔1 900米的山城，在向国际奥委会提出申办时，完全没有比赛的运动设施和场馆。因为雪橇比赛只有9个国家报名，美国奥组委认为不值得花一大笔钱兴建雪橇比赛场地，因此宣布不举办雪橇比赛。这是雪橇比赛第一次也是唯一一次在冬奥会中缺席。2月18日举行了隆重的开幕式，15 000名观众参加了盛会。宣布冬奥会开幕的是时任美国副总统的里查德·尼克松(Richard Nixon)。在圣火点燃仪式中，两次冬奥会冠军安·劳伦斯·米德(Ann Lawrence Mead)高举来自挪威的火种，从白雪皑皑的陡峭山坡上飞驰而下，奥运会速度滑冰冠军肯·亨利接过火种绕场一周，随后燃起熊熊的奥林匹克火焰，将大会气氛推向了高潮。中国台湾派代表考察、观摩了本届冬奥会的各项活动，这是中国与冬奥会的首次接触。

1960年第8届美国斯阔谷冬奥会情况如图8-34至图8-36所示。

图 8-34

图解　1960 年第 8 届美国斯阔谷冬奥会的主体育场和建筑群。这届冬奥会，东道主美国在斯阔谷修建了一个供各国运动员住宿的奥林匹克村，这是冬奥会史上第一次出现的专门的运动员村。由于比赛场地和运动员住宿都比较集中，因此本届冬奥会没有出现交通上的问题。

图 8-35

图解　1960 年第 8 届美国斯阔谷冬奥会开幕式上，第 6 届冬奥会男子速度滑冰冠军肯·亨利点燃冬奥会圣火瞬间。

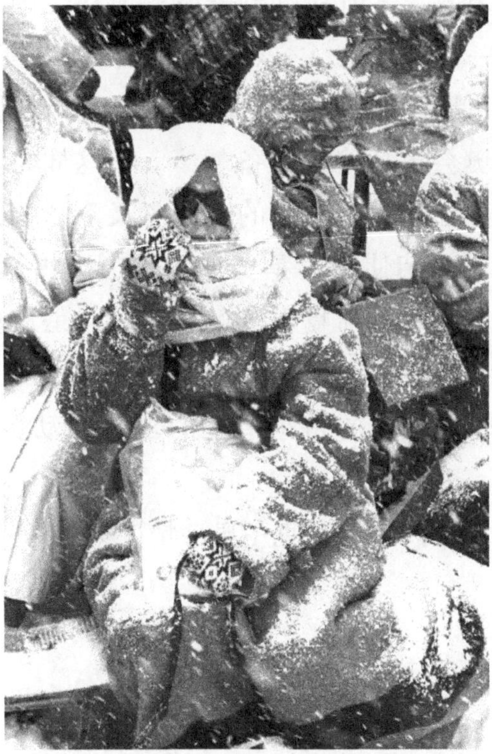

图 8-36

图解 1960 年第 8 届美国斯阔谷冬奥会期间，观众们在暴雪中观赛。

第九节 第 9 届冬奥会

开幕时间：1964 年 1 月 29 日
闭幕时间：1964 年 2 月 9 日
举办地：奥地利因斯布鲁克
运动员：1 091 名(女子 200 名、男子 891 名)
项目数量：6 大项 34 小项

第 9 届冬奥会于 1964 年在奥地利的因斯布鲁克举行，这里是奥地利著名的滑雪胜地，但在 1964 年却遇到了严重的缺雪问题。奥地利政府派出军队，从阿尔卑斯山上采雪下山，利用卡车将 20 000 块冰砖运送到雪橇比赛赛场上，同时将 40 000 立方米的雪铺到高山滑雪的赛场，还另外准备了 20 000 立方米的雪，作为预备不时之需。奥地利奥组委还特地从美国运来6部造雪机，在比赛场地附近待命，一旦雪融化，立刻准备造雪。但是在大会开幕前的第10天，一场大雨将这一切都毁灭了，军人们再次出动以清理比赛场地，就这样，因斯布鲁克的人造冬奥会雪场终于准备就绪。在这届冬奥会中，东德和西德组成一个德国代表团参加，具有深远的政治意义。开幕式上按惯例点燃了奥林匹克火焰，承担这个光荣使命的是奥地利高山滑雪运动员约瑟夫·里德。这次火种不是取自挪威，而是与夏季奥运会一样，是从奥运会发源地奥林匹亚获得的。宣布本届冬奥会开幕的是时任奥地利的总统阿道夫·沙尔弗(Adolf Schalfer)，而代表运动员宣誓的是东道主的雪橇运动员保罗·阿斯特(Paul Astor)。

1964年第9届奥地利因斯布鲁克冬奥会情况如图8-37至图8-41所示。

图8-37

图解 1964年第9届奥地利因斯布鲁克冬奥会赛场全景，此时冬奥会圣火刚刚被点燃。

图 8-38

图解 1964 年第 9 届奥地利因斯布鲁克冬奥会圣火在希腊奥林匹亚被采集，第一位火炬手接过圣火。

图 8-39

图解 1964 年 1 月 29 日，第 9 届奥地利因斯布鲁克冬奥会开幕式现场，约瑟夫·里德手持火炬，准备点燃主火炬塔。

图 8-40

图解 1964 年 1 月 24 日，开幕式前 5 天，奥地利士兵用竹篮运送冰雪为因斯布鲁克冬奥会做准备。

图 8-41

图解 1964 年 2 月 9 日，第 9 届奥地利因斯布鲁克冬奥会 120 米跳台滑雪项目的精彩瞬间

第十节 第 10 届冬奥会

开幕时间：1968 年 2 月 6 日
闭幕时间：1968 年 2 月 18 日
举办地：法国格勒诺布尔
运动员：1 158 名(女子 211 名、男子 947 名)
项目数量：6 大项 35 小项

奥运会中吉祥物的设计始于本届冬奥会。本届冬奥会的吉祥物称为“雪士”，是一个半人半物的卡通型滑雪小人形象，其以夸张的硕大脑袋和细巧而坚硬的身体，象征着一个有坚强意志的小精灵。本届冬奥会第一次对女子运动员进行性别检测。

此届冬奥会的开幕式非常隆重、热烈，约有 7 万名来自世界各地的观众出席。主办当局别出心裁，将 3 万朵色泽艳丽的鲜红玫瑰从直升机上撒落在笼罩着节日气氛的运动场，天空满是徐徐飘落的鲜花，四周散发着沁人心脾的阵阵清香。鲜花的花瓣散落在洁白的雪地上，显得鲜艳夺目。观众既像置身于繁华喧闹的城市，又似在幽静的田园休憩，别有一番情趣。

1968 年第 10 届法国格勒诺布尔冬奥会情况如图 8-42 至图 8-48 所示。

图 8-42

图解 1968 年第 10 届法国格勒诺布尔冬奥会开幕式现场画面。

图 8-43

图解 1968 年第 10 届法国格勒诺布尔冬奥会开幕式上运动员入场。

图 8-44

图解 1968 年第 10 届法国格勒诺布尔冬奥会的主火炬台造型设计。

图 8-45

图解 法国男子花样滑冰运动员阿兰·卡麦特点燃第 10 届法国格勒诺布尔冬奥会主火炬。

图 8-46

图解 1968 年第 10 届法国格勒诺布尔冬奥会的圣火经过奥林匹斯雪山顶峰，人们欢呼庆祝奥运火炬的到来。

图 8-47

图解　1968 年 2 月，在第 10 届法国格勒诺布尔冬奥会上，美国高山滑雪运动员丹尼斯·麦考伊(Dennis McCoy)在训练期间不慎摔倒，他躺在滑雪道的围栏边对着镜头做了个鬼脸。

图 8-48

图解　欧金尼奥·蒙蒂(Eugenio Monti)参加 4 人雪橇比赛瞬间。1968 年，40 岁的欧金尼奥·蒙蒂凭借 4 年前在因斯布鲁克出色的体育精神，获得了 9 个雪橇世界冠军头衔和公平竞争的声誉，他在 Alpe d'Huez 冰道上两次夺冠，赢得了 4 人赛和 2 人赛的冠军。

第十一节　第 11 届冬奥会

开幕时间：1972 年 2 月 3 日

闭幕时间：1972 年 2 月 13 日

举办地：日本札幌

运动员：1 006 名（女子 205 名、男子 801 名）

项目数量：6 大项 35 小项

1972 年第 11 届日本札幌冬奥会是第一次在欧洲和美国以外的地区举办，也是亚洲举办的第一届奥运会。在这届奥运会上，职业运动员的参赛问题再次成为焦点，国际奥委会严禁参加冬奥会的运动员接受金钱酬劳，否则视为职业运动员自动取消资格。同 1964 年第 18 届日本东京夏季奥运会一样，东道主组织了声势浩大的火炬接力。火炬从奥林匹亚传到日本本土后，大会组织了 15 000 名年龄在 11~20 岁的青少年进行火炬接力跑。在 2 月 3 日的开幕式上，由一位名叫高田秀喜的学生点燃了大会圣火。

1972 年第 11 届日本札幌冬奥会情况如图 8-49 至图 8-56 所示。

图 8-49

图解　1972 年第 11 届日本札幌冬奥会开幕式现场。

图 8-50

图解 1972 年第 11 届日本札幌冬奥会开幕式上运动员入场。

图 8-51

图解 1972 年第 11 届日本札幌冬奥会开幕式上火炬进入主会场瞬间。

图 8-52

图解 1972 年 2 月 3 日，第 10 届日本札幌冬奥会开幕式在真驹内体育场举行，最终由高田秀喜点燃了主火炬。

图 8-53

图解 1972 年第 11 届日札幌冬奥会开幕式上德国运动员入场。

图 8-54

图解　1972 年第 11 届日本札幌冬奥会开幕式上奥林匹克会旗入场。

图 8-55

图解　1972 年第 11 届日本札幌冬奥会开幕式上点火场景。

图 8-56

图解 1972 年第 11 届日本札幌冬奥会上，速度滑冰比赛现场。

第十二节 第 12 届冬奥会

开幕时间：1976 年 2 月 4 日
闭幕时间：1976 年 2 月 15 日
举办地：奥地利因斯布鲁克
运动员：1 123 名(女子 231 名、男子 892 名)
项目数量：6 大项 37 小项

1976 年第 12 届冬奥会的举办权本来被国际奥委会授予了美国丹佛，但丹佛所在的科罗拉多州市民都反对政府发行公债来筹集冬奥会的举办资金。于是，1972 年 11 月 15 日，丹佛向国际奥委会表示放弃第 12 届冬奥会的承办权。奥地利因斯布鲁克随即向国际奥委会递出申请，愿意接手。1973 年 2 月 4 日，国际奥委会决定将第 12 届冬奥会的举办权交给奥地利的因斯布鲁克。时隔 12 年后，因斯布鲁克再次举办冬奥会。

1976 年 2 月 4 日举行了隆重的开幕式，在主体育场燃起了奥林匹克火焰。但与以往不同的是，主体育场设有两个火焰塔，一个是 12 年前的，另一个是新建的。开幕式上，首先由奥地利的雪橇运动员约瑟夫·费斯特曼特尔点燃了新建塔上的火焰，然后再由他的同胞、高山滑雪运动员克里斯特尔·哈斯点燃了旧火炬塔。中国台湾地区派出 18 名男运动员参加了本届冬奥会。

1976 年第 12 届奥地利因斯布鲁克冬奥会情况如图 8-57 至图 8-63 所示。

图 8-57

图解 1976 年第 12 届奥地利因斯布鲁克冬奥会开幕式全景。

图 8-58

图解 1976 年 2 月 4 日，第 12 届奥地利因斯布鲁克冬奥会开幕式现场，两个新旧主火炬被点燃。

图 8-59

图解 1976 年 2 月 4 日，第 12 届奥地利因斯布鲁克冬奥会开幕式举行。联邦德国运动员沃尔夫冈 · 齐默勒(Wolfgang Zimmer)举国旗率队入场。

图 8-60

图解 1976 年第 12 届奥地利因斯布鲁克冬奥会开幕式上的两个火炬台。一个是 1964 年第 9 届冬奥会使用过的，另一个是新建的，标志着因斯布鲁克是两次冬奥会的主办地。

图 8-61

图解　1976 年第 12 届奥地利因斯布鲁克冬奥会期间，大批观众聚集在一起观看男子普通山地个人跳台滑雪比赛。

图 8-62

图解　1976 年第 12 届奥地利因斯布鲁克冬奥会上，苏联速度滑冰运动员塔基亚娜·阿维里娜(Tatyana Averina)获得金牌领奖时的场景。在此届冬奥会之前，她已经打破了惊人的11次世界纪录——4次1 000米、2次1 500米、2次500米和3次组合接力比赛。

图8-63

图解 1976年第12届奥地利因斯布鲁克冬奥会上，联邦德国的女子高山滑雪运动员罗西·米特迈尔(Rosi Mittermaier)比赛场面，她也是本届冬奥会金牌王(并列)，获得2金1银。

第十三节 第13届冬奥会

开幕时间：1980年2月13日
闭幕时间：1980年2月24日
举办地：美国普莱西德湖
运动员：1 072名(女子232名、男子840名)
项目数量：6大项38小项

1980年，在美国普莱西德湖举行的第13届冬奥会是一届非常精彩的奥运会，创造了一大批冬奥会历史上的传奇。普莱西德湖奥林匹克之火是当年1

月 30 日在奥林匹亚林中点燃的，于开幕前一天传到主办地。这次点燃运动场火炬与以往不同，点火人不是本国知名运动员或社会名流，而是一位年龄已 45 岁并有 5 个孩子的普莱西德湖的普通市民查尔斯·摩根·克尔博士。

1980 年第 13 届美国普莱西德湖冬奥会情况如图 8-64 至图 8-70 所示。

图 8-64

图解 1980 年 2 月 14 日，第 13 届美国普莱西德湖冬奥会开幕式。

图 8-65

图解 1980 年第 13 届美国普莱西德湖冬奥会体育场内的众多观众。

图 8-66

图解 1980 年第 13 届美国普莱西德湖冬奥会开幕式上中国代表团入场。1979 年，中国奥组委在国际奥委会的合法席位得到恢复，于是 1980 年，中国首次派队参加冬奥会。在这一届冬奥会上，中国代表团总共有 28 名运动员，参加了滑冰、滑雪、现代冬季两项等 18 个单项比赛。中国代表团在这次冬奥会初体验中没有取得什么亮眼的成绩，无一人进入前 6 名。

图 8-67

图解　1980 年第 13 届美国普莱西德湖冬奥会上运动员以方队站立，等待火炬入场。

图 8-68

图解　1980 年第 13 届美国普莱西德湖冬奥会开幕式上，最后一棒火炬手由查尔斯 · 摩根 · 克尔担任。

图 8-69

图解 1980 年 2 月 13 日，在第 13 届美国普莱西德湖冬奥会开幕式上，查尔斯·摩根·克尔顺利点燃主火炬，圣火在会场上空熊熊燃烧。

图 8-70

图解 1980 年 2 月 24 日，在第 13 届美国普莱西德湖冬奥会上，男子冰球项目，美国与芬兰对决，最终美国队获胜并庆祝夺金。

第十四节　第 14 届冬奥会

开幕时间：1984 年 2 月 8 日
闭幕时间：1984 年 2 月 19 日
举办地：南斯拉夫萨拉热窝
运动员：1 272 名(女子 274 名、男子 998 名)
项目数量：6 大项 39 小项

1984 年，冬奥会第一来到社会主义国家。南斯拉夫的萨拉热窝击败日本札幌和瑞典法伦/哥特堡获得第 14 届冬奥会的举办权。南斯拉夫国民对这届冬奥会来到萨拉热窝非常重视，以极大的热情欢迎各国运动员。冬奥会于当地 2 月 8 日下午 2 时半正式开幕。虽然大雪纷飞，但能容 55 000 名观众的科舍沃体育场仍座无虚席。奥林匹克火炬于 1 月 29 日从希腊运到南斯拉夫滨海城市杜布罗夫尼克后，采取与以往不同的传递方式，分南北两路进行火炬接力，最后于波斯尼亚和黑塞哥维那会合。

1984 年第 14 届南斯拉夫萨拉热窝冬奥会情况如图 8-71 至图 8-77 所示。

图 8-71

图解　1984 年第 14 届南斯拉夫萨拉热窝冬奥会开幕式现场，奥运圣火熊熊燃烧。

图 8-72

图解 1984 年 2 月 8 日，第 14 届南斯拉夫萨拉热窝冬奥会开幕式上，表演者正在变换队形显示出奥林匹克五环、冬奥会会徽雪花和“夏慕尼-1924、萨拉热窝-1984”的图案，这标志着冬奥会距离第 1 届已经走过了 60 年的历程。

图 8-73

图解 1984 年 2 月 8 日，第 14 届南斯拉夫萨拉热窝冬奥会开幕式上，中国代表团入场。

图 8-74

图解 1984 年 2 月 8 日，第 14 届南斯拉夫萨拉热窝冬奥会开幕式现场，桑德拉·杜布拉夫契奇点燃了主火炬。

图 8-75

图解 1984 年 2 月 10 日，第 14 届南斯拉夫萨拉热窝冬奥会上，英国花样滑冰选手杰恩·托维尔(Jayne Torvill)和克里斯托弗·迪安(Christopher Dean)表演。

图 8-76

图解 1984 年 2 月 18 日，第 14 届南斯拉夫萨拉热窝冬奥会上，德意志民主共和国的延斯·韦斯弗洛格(Jens Weissflog)参加 90 米跳台滑雪比赛的瞬间。他是该项目的银牌得主。

图 8-77

图解 1984 年第 14 届南斯拉夫萨拉热窝冬奥会上，冰球项目比赛中苏联队对阵波兰队的一幕。

第十五节　第15届冬奥会

开幕时间：1988年2月13日
闭幕时间：1988年2月28日
举办地：加拿大卡尔加里
运动员：1 423名(女子301名、男子1 122名)
项目数量：6大项46小项

1988年第15届加拿大卡尔加里冬奥会首次将比赛时间延长到16天，横跨3个周末。参加本届冬奥会的有57个国家和地区的1 423名运动员。2月13日下午，本届冬奥会于狂欢中在卡尔加里大学的麦克马洪体育场开幕。时任国际奥委会主席的萨马兰奇致辞后，加拿大总督索维夫人宣布冬奥会开幕，顿时彩旗飞舞。奥运圣火由卡尔加里12岁的业余滑冰运动员罗宾·佩里点燃。本届冬奥会的标志(纪念徽)是一片枫叶上镶嵌着一朵雪花。吉祥物是一对名叫豪迪(Howdy)和海迪(Hidy)的小北极熊。海迪身着镶有黄色荷叶边的短裙，象征着参加冬奥会的女运动员。在一届奥运会上同时出现2个吉祥物，这在奥运会历史上是首创，而且使用雌性吉祥物在奥运会历史上也是第一次。

1988年第15届加拿大卡尔加里冬奥会情况如图8-78至图8-82所示。

图8-78

图解　1988年第15届加拿大卡尔加里冬奥会开幕式现场(一)。

图 8-79

图解　1988 年第 15 届加拿大卡尔加里冬奥会开幕式上，12 岁的罗宾·佩里担任最后一棒火炬手，点燃了主火炬。罗宾·佩里当时是一名业余滑冰运动员，代表着下一代运动员接捧火炬，寓意传承希望和未来。

图 8-80

图解　1988 年第 15 届加拿大卡尔加里冬奥会开幕式现场(二)。

图 8-81

图解　1988 年第 15 届加拿大卡尔加里冬奥会的吉祥物豪迪和海迪。

图 8-82

图解　1988 年第 15 届加拿大卡尔加里冬奥会加入了一些新的比赛项目。高山滑雪的超级大回转和高山结合项目首次成为冬奥会的比赛项目。

第十六节　第 16 届冬奥会

开幕时间：1992 年 2 月 8 日
闭幕时间：1992 年 2 月 23 日
举办地：法国阿尔贝维尔
运动员：1 801 名(女子 488 名、男子 1 313 名)
项目数量：7 大项 57 小项

1992 年第 16 届法国阿尔贝维尔冬奥会是最后一次与夏季奥运会在同一年举行。在全部 57 个比赛项目中只有 18 个在阿尔贝维尔本地举行，其余的都在阿尔贝维尔东南 1 000 平方千米的奥林匹克公园内的 13 个体育场馆进行，这届冬奥会也成为有史以来场地最分散的一届。中国自 1980 年首次参加冬奥会以来，经过 12 年的努力，终于在本届实现了奖牌“零的突破”。女运动员叶乔波在比赛中带伤上阵，顽强拼搏，夺得 500 米和 1 000 米两项速度滑冰的银牌。虽与金牌擦肩而过，但她所表现出来的不屈不挠的精神，为广大运动员和观众赞叹不已。

1992 年第 16 届法国阿尔贝维尔冬奥会情况如图 8-83 所示。

图 8-83

图解　1992 年 2 月 8 日，第 16 届法国阿尔贝维尔冬奥会开幕式现场。

第十七节　第 17 届冬奥会

开幕时间：1994 年 2 月 12 日

闭幕时间：1994 年 2 月 27 日

举办地：挪威利勒哈默尔

运动员：1 737 名(女子 522 名、男子 1 215 名)

项目数量：6 大项 61 小项

1986 年，国际奥委会投票决定，将夏季和冬季奥运会的比赛时间错开，间隔 2 年举行。为了迎合这一改变，1994 年第 17 届挪威利勒哈默尔冬奥会在与 1992 年第 16 届法国阿尔贝维尔冬奥会间隔 2 年后再次举行，这也是唯一一次间隔时间只有 2 年的两届奥运会。尽管如此，本届奥运会的组织工作仍然取得了极大的成功，挪威人对冬季运动项目的热爱也为这届奥运会增加了不少的激情。本届冬奥会火炬从希腊运至挪威以后，有 6 000 人参加接力传递活动，途经 19 个县 70 个城镇，历时 75 天。2 月 12 日，哈拉尔德(Harald)五世国王在雄伟的高山滑雪场地的山脚下宣布大会开始。在跳台跳雪运动员斯登・哥鲁本(Gordon Gruben)手持奥运圣火飞跃了 100 多米降落在主体育场内后，由滑雪运动员凯瑟琳・诺丁尼斯(Catherine Nottingens)接过奥运圣火交给哈肯・马格努斯王子点燃火炬。

1994 年第 17 届挪威利勒哈默尔冬奥会情况如图 8-84 至图 8-87 所示。

图 8-84

图解 1994 年 2 月 12 日，第 17 届挪威利勒哈默尔冬奥会开幕式现场。

图 8-85

图解 1994 年 2 月 12 日，在第 17 届挪威利勒哈默尔冬奥会开幕式上，焰火燃起，光芒万丈。

图 8-86

图解　1994 年 2 月 12 日，在第 17 届挪威利勒哈默尔冬奥会开幕式上，斯登·哥鲁本手持圣火从滑雪跳台上一跃而下，堪称奥运会开幕式史上最经典的火炬传递方式。

图 8-87

图解　1994 年 2 月 12 日，在第 17 届挪威利勒哈默尔冬奥会开幕式上，哈肯·马格努斯王子登上火炬台，准备点燃火炬。

第十八节 第18届冬奥会

开幕时间：1998年2月7日
闭幕时间：1998年2月22日
举办地：日本长野
运动员：2 176名(女子787名、男子1 389名)
项目数量：6大项68小项

1998年第18届日本长野冬奥会是冬奥会在时隔26年后再一次来到日本。这届冬奥会的主题是“人类与自然共存”。开幕式上，在日本世界级指挥大师小泽征尔的指挥下，全球5个城市的歌唱家们通过卫星演唱了《欢乐颂》，给20世纪最后一届冬奥会染上了一层迷人的色彩。宣布此届冬奥会开幕的是日本的明仁天皇，前届冬奥会女子花样滑冰冠军日裔美籍选手伊藤绿点燃了大会圣火。本届盛会的标志是由富有动感的运动员形象与雪花图案混合组成，象征着冰雪项目的角逐。从整体上看它还像一朵雪莲，表示这一届冬奥会特别重视环保问题；吉祥物是由4只形态怪异的猫头鹰组成。

1998年第18届日本长野冬奥会情况如图8-88至图8-90所示。

图8-88

图解 1998年第18届日本长野冬奥会开幕式上的文艺展演。

图 8-89

图解　1998 年 2 月 7 日，第 18 届日本长野冬奥会开幕式现场，伊藤绿准备点燃主火炬。

图 8-90

图解　1998 年 2 月 11 日，第 18 届日本长野冬奥会期间，在阳光照射下的奥运圣火。

第十九节　第 19 届冬奥会

开幕时间：2002 年 2 月 9 日

闭幕时间：2002 年 2 月 24 日

举办地：美国盐湖城

运动员：2 399 名（女子 886 名、男子 1 513 名）

项目数量：15 大项 78 小项

第 19 届冬奥会于 2002 年 2 月 8—24 日在美国盐湖城举行。这届冬奥会共设有 78 项比赛，俯式冰橇重新成为冬奥会的比赛项目等，又新加入了女子有舵雪橇项目等，比上一届冬奥会多了 10 项。这是冬奥会史上比赛项目最多的一次，同时本届冬奥会的参赛选手也创下了新高，获得金牌的国家达到 18 个，创了历史纪录。本届冬奥会的火炬传递从 2001 年 12 月 4 日开始，历时 2 个多月。在 2 月 8 日的开幕式上，美国总统乔治・沃克・布什（George Walker Bush）宣布此届冬奥会开幕。随后，奥运圣火由在 1980 年第 13 届美国普莱西德湖冬奥会上夺得金牌的美国冰球国家队全体成员点燃。骨架雪橇运动员吉姆・谢亚（Jim Shea）和高山滑雪裁判员阿兰・彻齐（Alan Chezy）分别代表运动员与裁判员进行宣誓。本届冬奥会首次在花样滑冰的裁判工作中引进了录像重放技术。本届比赛的场地之一犹他奥林匹克椭圆形滑冰场地，海拔高度达 1 425 米，是世界上海拔最高的室内滑冰场。本届冬奥会的吉祥物是 3 种毛茸茸的小动物，即雪靴兔、北美草原小狼和美洲黑熊。

2002 年第 19 届美国盐湖城冬奥会情况如图 8-91 至图 8-94 所示。

图 8-91

图解　2002 年 2 月 10 日，在第 19 届美国盐湖城冬奥会开幕式举行。圣火点燃，烟花盛放。

图 8-92

图解　2002 年 2 月 8 日，在第 19 届美国盐湖城冬奥会开幕式上，圣火通过手动装置被升至距地面 35 米的高空上点燃了主火炬，会场的烟花瞬间在上空绽放，气氛一下到达了高潮。

图 8-93

图解 2002 年 2 月 8 日，第 19 届美国盐湖城冬奥会开幕会现场，一共 20 名球员的美国男子冰球队共同完成了主火炬的点燃仪式。

图 8-94

图解 2002 年 2 月 9 日，第 19 届美国盐湖城冬奥会开幕式现场，8 名美国运动员托举破损的美国国旗入场。由于本届冬奥会是在“9·11”事件后举行的，在开幕式上，8 名美国运动员托举着从世贸大厦废墟中挖出来的残破的美国国旗入场，成为冬奥会史上开幕式特有的内容。

第二十节　第20届冬奥会

开幕时间：2006年2月11日

闭幕时间：2006年2月26日

举办地：意大利都灵

运动员：2 508名(女子960名、男子1 548名)

项目数量：15大项84小项

2006年第20届意大利都灵冬奥会，共有来自80个国家的2 508名运动员参加比赛，其中有26个国家在奖牌榜上有名。本届的奥运圣火传播于2005年11月27日在希腊奥林匹亚展开，12月6日在举办第1届奥运会的遗址进行圣火交接仪式，希腊奥组委主席在仪式上将火炬亲手交给了都灵奥组委主席。圣火途经意大利140多个城市和107个省份，路程约11 300千米，直至2月10日到达意大利都灵举行开幕式的主场馆，进行点燃主火炬仪式。开幕式于2006年2月10日在意大利都灵的奥林匹克体育场隆重举行。

2006年第20届意大利都灵冬奥会情况如图8-95至图8-97所示。

图8-95

图解　2006年2月10日，第20届意大利都灵冬奥会开幕式在都灵奥林匹克体育场举行。目前，这座体育场仍是意大利足球甲级联赛都灵队的主场。

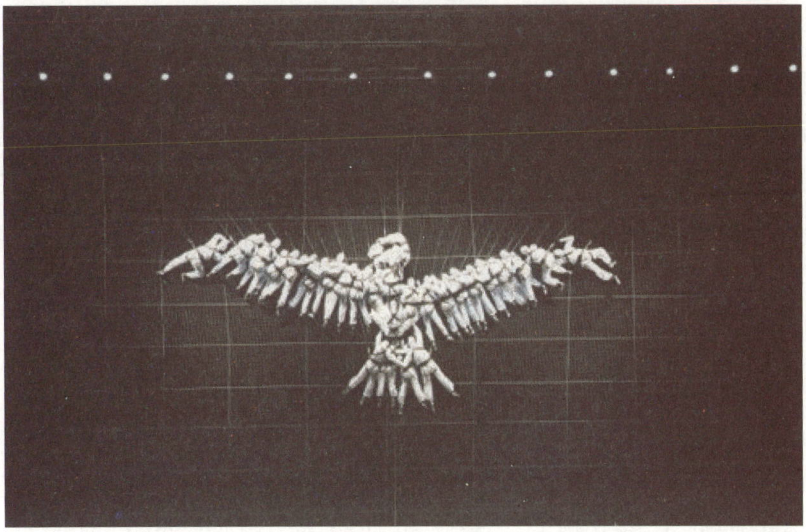

图 8-96

图解 2006 年第 20 届意大利都灵冬奥会开幕式上振翅飞翔的和平鸽。

图 8-97

图解 2006 年第 20 届意大利都灵冬奥会开幕式现场，57 米高的主火炬上圣火熊熊燃烧，这是奥运会历史上最高的火炬塔。

第二十一节　第21届冬奥会

开幕时间：2010年2月12日
闭幕时间：2010年2月28日
举办地：加拿大温哥华
运动员：2 632名
项目数量：7大项86小项

2010年第21届加拿大温哥华冬奥会共有82个国家/地区的2 632名运动员参赛。其中，开曼群岛、哥伦比亚、加纳、黑山、巴基斯坦、秘鲁和塞尔维亚为首次参加冬奥会。本届冬奥会圣火于2009年10月22日在希腊奥林匹亚点燃，火炬随后跨越北极点，被送至加拿大，10月30日开始在加拿大传递。火炬传递全程约45 000千米，共历时106天，使其成为奥运会历史上在一个国家内路线最长的一次传递。参加火炬传递的约有12 000人，其中包括阿诺德·施瓦辛格(Arnold Schwarzenegger)、史蒂夫·纳什、马特·劳尔(Matt Lauer)、沙妮娅·特温(Shania Twain)、冰球巨星西德尼·克罗斯比(Sidney Crosby)和韦恩·格雷茨基等。

2010年第21届加拿大温哥华冬奥会情况如图8-98至图8-100所示。

图8-98

图解　2010年第21届加拿大温哥华冬奥会盛大开幕式上主火炬被点燃瞬间。

图 8-99

图解 2010 年第 21 届加拿大温哥华冬奥会开幕式上文艺展演中一单板滑雪运动员从五环标志中飞跃瞬间。

图 8-100

图解 2010 年第 21 届加拿大温哥华冬奥会开幕式上入场仪式即将开始。

第二十二节　第 22 届冬奥会

开幕时间：2014 年 2 月 7 日
闭幕时间：2014 年 2 月 23 日
举办地：俄罗斯索契
运动员：2 873 名（女选手 1 159 名、男选手 1 714 名）
项目数量：15 大项 98 小项

2014 年第 22 届俄罗斯索契冬奥会是俄罗斯第一次举办冬奥会。开幕式在索契奥林匹克公园的菲什特主体育场举行，俄罗斯第一频道总裁康斯坦丁·恩斯特（Konstantin Ernst）担任此届冬奥会开幕式的总导演，3 000 名青年参加开幕式的表演，另有 2 000 名志愿者为开幕式提供服务和帮助。本届冬奥会开幕式持续约 3 小时。开幕式在 3 个不同特点的舞台同时进行，全场分为 9 大主题，每个主题讲述的是俄罗斯在不同历史发展阶段的重大里程碑事件。

2014 年第 22 届俄罗斯索契冬奥会情况如图 8-101 至图 8-106 所示。

图 8-101

图解　2014 年第 22 届俄罗斯索契冬奥会开幕式在菲什特奥林匹克体育场举行，“四环”成为奥运会史上的遗憾。

图 8-102

图解 2014 年 2 月 7 日，第 22 届俄罗斯索契冬奥会开幕式现场，主火炬被点燃瞬间。

图 8-103

图解 2014 年第 22 届俄罗斯索契冬奥会开幕式上，灯光特效与演员的手舞呈现出的唯美瞬间。

图 8-104

图解 2014 年第 22 届俄罗斯索契冬奥会开幕式上，焰火照耀夜空的瞬间。

图 8-105

图解 2014 年第 22 届俄罗斯索契冬奥会开幕式文艺展演中，表演者将奥运精神带上太空，彰显出科技与时代的进步。

图 8-106

图解 2014 年第 22 届俄罗斯索契冬奥会，吉祥物亮相开幕式现场，全场沸腾。

第二十三节 第 23 届冬奥会

开幕时间：2018 年 2 月 9 日
闭幕时间：2018 年 2 月 25 日
举办地：韩国平昌
运动员：2 922 名(女子 1 242 名、男子 1 680 名)
项目数量：15 大项 102 小项

2018 年第 23 届韩国平昌冬奥会是韩国第一次举办冬奥会。本届冬奥会开幕式以“和平”作为主题。韩国与朝鲜代表团联合入场引发全场观众的欢呼，而在最后的点火环节，韩国国宝级运动员金妍儿接过朝韩冰球联队运动员手中的火炬，在其一段冰上独舞后点燃了奥运圣火。

2018 年第 23 届韩国平昌冬奥会情况如图 8-107 至图 8-110 所示。

图 8-107

图解 2018 年第 23 届韩国平昌冬奥会开幕式文艺展演中，几名孩子与视觉影像中的老虎互动，开启开幕式序曲。

图 8-108

图解 2018 年第 23 届韩国平昌冬奥会开幕式文艺展演中，几名孩子与老虎共同表演的场景。

图 8–109

图解　2018 年第 23 届韩国平昌冬奥会开幕式上，韩国花样滑冰选手金妍儿点燃了主火炬。

图 8–110

图解　2018 年第 23 届韩国平昌冬奥会闭幕式上的“北京 8 分钟”。在本届冬奥会的闭幕式上，“北京 8 分钟”惊艳亮相，多种前沿高新科技助其呈现出十分好的效果，美丽画面震撼全场。

第二十四节　第 24 届冬奥会

开幕时间：2022 年 2 月 4 日
闭幕时间：2022 年 2 月 20 日
举办地：中国北京
运动员：2 892 名(女子 1 314 名、男子 1 578 名)
项目数量：7 大项 109 小项

2022 年第 24 届中国北京冬奥会，北京赛区承办所有的冰上项目和自由式滑雪大跳台，延庆赛区承办雪车、雪橇及高山滑雪项目，张家口赛区承办除雪车、雪橇、高山滑雪和自由式滑雪大跳台之外的其他所有雪上项目。

本届冬奥会的主题是“一起向未来”，这个主题体现了共享奥运会和开放奥运会的思想，以及团结、共同努力的理念。会徽“冬梦”，以“冬”字为灵感，运用中国书法的艺术形态，将厚重的东方文化底蕴与国际化的现代风格融为一体，呈现出新时代的中国新形象、新梦想。吉祥物“冰墩墩”，以熊猫为原型进行设计创作，将熊猫形象与冰晶外壳相结合，体现了冬季冰雪运动的特点。

2022 年第 24 届中国北京冬奥会情况如图 8-111 至图 8-115 所示。

图 8-111

图解　2022 年第 24 届中国北京冬奥会奖牌名为“同心”，由 5 个圆环和 1 个中心组成，意为“五环同心”。设计以中国古代玉石同心圆挂件为基础，表达了“天地合 · 人心同”的中华文化内涵，五环也象征着奥林匹克精神让全世界人类齐聚一堂，共享冬奥荣光。奖牌正面中央刻有奥运五环，周围刻有北京 2022 年第 24 届冬季奥林匹克运动会的英文：XXIV Olympic Winter Games Beijing 2022。圆环做打凹处理，设计灵感源自传统弦纹玉璧，上面有取自中国传统纹样的浅刻，冰雪纹代表冬奥会，祥云纹传达了吉祥和美好的寓意。在奖牌的背面，会徽位于中央，周围刻有“2022 年北京冬季奥林匹克运动会”的字样，还刻有获奖运动员的比赛项目名称。奖牌周围是取自古代天文图的圆环和 24 个点，代表浩瀚星空，也寓意第 24 届冬奥会上必是群星璀璨。

图 8-112

图解 2022 年第 24 届中国北京冬奥会开幕式上，世界各地参赛代表团的小雪花汇聚而成大雪花。由 91 名舞蹈演员舞动着代表参赛代表团的雪花，在与视频的互动下，完成了开幕式中的“雪花台”篇章。

图 8-113

图解　2022 年 2 月 4 日晚，第 24 届中国北京冬奥会开幕式在北京国家体育场举行，国旗正在入场。

图 8-114

图解　2022 年第 24 届中国北京冬奥会开幕式上，经过普通中国人手手相传，国旗被传递到国旗班手里，现场响起嘹亮的国歌声，国旗在庄严的国歌声中升起。此刻，点赞伟大的祖国。

图 8-115

图解　2022 年 2 月 4 日晚，第 24 届中国北京冬奥会开幕式上的焰火表演。

参 考 文 献

[1] 孙晶岩. 中国冬奥[M]. 北京：人民文学出版社，2022.

[2] 季成. 冬奥简史：冬季奥林匹克运动的人文解读[M]. 北京：北京联合出版公司，2021.

[3] 李建臣. 冬奥会推动北京建设世界体育城市研究[M]. 北京：化学工业出版社，2019.

[4] 冯凌，王金伟，刘乙. 中国冬奥旅游发展战略与布局[M]. 北京：经济管理出版社，2022.

[5] 冯国有，梁金辉. 北京冬奥会举办地居民冬奥认知与行为意向研究[M]. 北京：经济科学出版社，2019.

[6] 本书编写组. 从夏蒙尼到北京[M]. 北京：人民出版社，2022.

[7] 於贤德. 冰雪之巅：冬奥会的文化与审美[M]. 广州：广东旅游出版社，2022.

[8] 曹雪. 以创意的名义："冰墩墩"主创的设计思考[M]. 上海：上海人民美术出版社，2022.

[9] 杨洁. 2022 年冬奥会对京冀地区经济影响预测研究[M]. 北京：中国财富出版社，2021.

[10] 冯国有，梁金辉，张宏伟. 冬奥会历史与北京冬奥会[M]. 北京：经济科学出版社，2022.

[11] 黄健，黄宇蓝. 百年奥运：从雅典到北京[M]. 南宁：广西民族出版社，2009.

[12] 金瑞德. 奥林匹克运动百科全书[M]. 北京：中央民族大学出版社，1999.

历届冬奥会会徽

1924 年第 1 届法国夏慕尼冬奥会会徽

1928 年第 2 届瑞士圣莫里茨冬奥会会徽

1932 年第 3 届美国普莱西德湖冬奥会会徽

1936 年第 4 届德国加米施-帕滕基兴冬奥会会徽

1948 年第 5 届瑞士圣莫里茨冬奥会会徽

1952 年第 6 届挪威奥斯陆冬奥会会徽

1956 年第 7 届意大利科蒂纳丹佩佐冬奥会会徽

1960 年第 8 届美国斯阔谷冬奥会会徽

1964 年第 9 届奥地利因斯布鲁克冬奥会会徽

1968 年第 10 届法国格勒诺布尔冬奥会会徽

1972 年第 11 届日本札幌冬奥会会徽

1976 年第 12 届奥地利因斯布鲁克冬奥会会徽

1980 年第 13 届美国普莱
西德湖冬奥会会徽

1984 年第 14 届南斯拉夫
萨拉热窝冬奥会会徽

1988 年第 15 届加拿大
卡尔加里冬奥会会徽

1992 年第 16 届法国阿尔
贝维尔冬奥会会徽

1994 年第 17 届挪威利勒
哈默尔冬奥会会徽

1998 年第 18 届日本
长野冬奥会会徽

2002 年第 19 届美国
盐湖城冬奥会会徽

2006 年第 20 届意大利
都灵冬奥会会徽

2010 年第 21 届加拿大
温哥华冬奥会会徽

2014 年第 22 届俄罗斯
索契冬奥会会徽

2018 年第 23 届韩国
平昌冬奥会会徽

2022 年第 24 届中国
北京冬奥会会徽